KB046993

일 잘하는 사람은

왜 사우나를 좋아할까?

일 잘하는 사람은 왜 사우나를 좋아할까?

가토 야스타카 지음 | 윤경희 옮김

시그마북스
Sigma Books

일 잘하는 사람은 왜 사우나를 좋아할까?

발행일 2021년 4월 5일 초판 1쇄 발행
지은이 가토 야스타카
옮긴이 윤경희
발행인 강학경
발행처 시그마북스
         Sigma Books
마케팅 정제용
에디터 류미숙, 장민정, 최윤정, 최연정
디자인 고유진, 김문배, 강경희

등록번호 제10-965호
주소 서울특별시 영등포구 양평로 22길 21 선유도코오롱디지털타워 A402호
전자우편 sigmabooks@spress.co.kr
홈페이지 http://www.sigmabooks.co.kr
전화 (02) 2062-5288~9
팩시밀리 (02) 323-4197
ISBN 979-11-91307-21-4 (03190)

ISHA GA OSHIERU SAUNA NO KYOKASHO
by YASUTAKA KATO
Copyright © 2020 YASUTAKA KATO
Korean translation copyright © 2021 by Sigma Books
All rights reserved.
Original Japanese language edition published by Diamond, Inc.
Korean translation rights arranged with Diamond, Inc.
through EntersKorea Co., Ltd.

이 책의 한국어판 저작권은 ㈜엔터스코리아를 통해 저작권자와 독점 계약한 **시그마북스**에 있습니다.
저작권법에 의하여 한국 내에서 보호를 받는 저작물이므로 무단전재와 무단복제를 금합니다.

파본은 구매하신 서점에서 교환해드립니다.

* **시그마북스**는 ㈜ **시그마프레스**의 자매회사로 일반 단행본 전문 출판사입니다.
    Sigma Books

아~ 되살아났다!

사우나는
세상에서 가장 강력한
'엘리트 비즈니스맨 제조기'

요즘 일본에서는 사우나가 최고의 인기몰이를 하고 있다.

솔직히 몇 년 전까지만 해도 '사우나=아저씨들의 오락'이라는 이미지가 있었다. 사우나에 한 번 들어가면 서로 경쟁이라도 하듯 더 이상 참을 수 없을 때까지 앉아서는 땀을 내고 녹초가 돼서 나오던 모습. 목욕을 마치고 벌겋게 상기된 얼굴로 시원한 맥주를 벌컥벌컥 마신다. 그러고는 캬아~. 이런 모습이 어딘가 '아재'스럽게 느껴졌던 것 같다.

하지만 지금은 다르다. 2019년에 사우나를 주제로 한 텔레비전 드라마 〈사도(원제: サ道)〉가 엄청난 시청률을 기록했다. 이

드라마에는 등장인물이 사우나를 마치고선 "되살아났다~"라고 하는 장면이 자주 나오는데 이를 보고 나서 사우나에 흥미를 갖게 된 사람도 많지 않을까 싶다.

'사우나×캠프', '사우나×음악', '사우나×맛집탐방' 등 사우나와 함께 즐길 체험도 다양해졌고 사우나를 좋아한다고 말하는 유명 연예인과 스포츠 선수 같은 인플루언서도 부쩍 늘었다.

그중에서도 사우나에 대한 이미지를 바꾸는 데 커다란 기여를 한 사람은 소위 잘나간다는 최고의 비즈니스맨들이 아닐까. 다시 말해 '능력 있는 사람' 중에는 사우나를 좋아하는 사람이 많고 이 때문에 '사우나=성공'이란 인상이 매우 강해진 것 같다.

성공한 비즈니스맨 중에는 사우나를 좋아하는 사람이 많다

가장 유명한 사람은 야후재팬 CEO 카와베 켄타로 씨가 아닐까 한다. 그는 다테야마에 프라이빗 사우나(프라이빗 비치)를 두고 재충전과 업무 네트워킹을 동시에 챙기고 있다고 한다.

TABILABO(2019년 8월에 사명을 변경해 현재는 NEW STAN-DARD)의 CEO인 구시 쇼타로 씨도 사우나 애호가다. 그는 사내 복지에 사우나를 추가했고 덕분에 직원은 회사의 일부 부담으로 사우나를 자주 이용할 수 있게 되었단다. 이 두 사람만큼 유명하지는 않지만 나의 지인 중에도 사우나를 좋아하는 '꽤 유명한 사람'이 많다.

예를 들면 '사우나 마니아에게 듣는다 1' 사례 고쿠요*의 가와다 나오키 씨와 '사우나 마니아에게 듣는다 2' 사례 삿포로 신요 고등학교의 아라이 유타카 교장 선생님이다.

가와다 씨는 1급 건축사이자 사장 비서인데 사우나를 얼마나 좋아했던지 사내에 사우나 동호회까지 만들었다. 또 사내 협업 공간을 사우나(스카이스파 요코하마)에 만들어서 회사 미팅을 사우나에서 하기도 하는데 기업들에 사우나 붐을 일으키는 데 일조한 사람기도 하다.

교장 선생님인 아라이 씨는 원래 소프트뱅크에서 손정의 사장의 오른팔이었던 사람이다. 후쿠시마부흥지원에서 대표로 활동한 후 지금의 학교에 취임해 혁신적인 교육 커리큘럼을 꾸준히 완성해 가고 있다.

---

* 고쿠요 : 문구나 오피스 가구, 사무기기를 제조 및 판매하는 회사_역주

이 밖에도 외국자본계 증권사에서 능력자로 유명한 증권매니저와 유명 기업에서 이사로 활약하고 있는 여성 사우나 애호가 등 일 잘한다고 소문난 사람들은 하나같이 사우나에 다니고 있다.

이쯤에서 이런 생각이 들지 않나?

"유능한 사람은 사우나를 좋아한다"가 아니라

"사우나를 좋아하니까 유능하다"고 말이다.

확실한 인과관계는 알 수 없지만 상관관계인 것은 확실하다. 왜냐하면 사우나가 비즈니스 성과를 끌어올린다는 의학적 근거가 하나씩 밝혀지고 있기 때문이다.

즉, 사우나를 활용하면 누구든지 '유능한 사람'이 될 가능성이 있다는 의미다.

'되살아났다'고 느낄 때
뇌 안에서는 어떤 일이 일어나는가

지금은 '사우나 닥터'라는 별명으로 불리지만 내가 처음부터 사우나를 좋아했던 건 아니다.

올바른 사우나 이용 순서는 '사우나 → 냉수욕탕 → 외기욕*'이고, 이것이 1세트다. 이 말은 '사우나 하다가 땀이 나면 나온다'가 아니라는 뜻이다.

예전의 나는 사우나에 관해 올바른 지식이 없었기 때문에 땀이 나면 밖으로 나와서 샤워하고 끝냈었다. 냉수욕탕 같은 건 고문이라고 생각했고 외기욕이란 게 있는 줄도 몰랐다. 그러니까 당시 나에게 사우나란 온천에 간 김에 그냥 나오기 좀 그러니 들어가 보기나 하는 정도였다.

그러다 2018년 가을에 생각이 바뀌는 사건이 있었다. 의사인 지인이 나에게 "의학 전문가로서 사우나에 관한 라디오 프로그램에 출연해 주면 좋겠다"며 부탁을 했다. 사우나는 잘 모르지만 신체 반응 원리에 대해선 의사로서 당연히 잘 알고 있을 테니 객관적인 입장에서 설명을 해 줄 참여자 섭외 대상이 되었던 모양이다.

---

* 외기욕 : 사우나실에서 나와 차게 느껴지는 물로 몸을 한차례 식힌 다음 편안한 자세로 휴식을 취하는 것으로 몸을 식히는 과정이다. 실내에서 가만히 쉬거나 또는 차가운 바깥바람을 쐬기도 하며 풍욕과 유사하다. 《레저스파 개발과 운영전략》에서 단편적으로 나오는 말들은 '탕 밖에서 쉬는 장소, 공기욕장, 몸 식히기 과정'이라고 나오는데 이것과 번역하면서 알게 된 사실을 엮었다. _역주

녹음 스튜디오에는 성형외과 의사면서 사우나 마니아인 시우야 류타 씨와 다양한 장르를 프로듀싱하고 '사우나 선생'이라 불리는 아키야마 다이스케 씨가 있었다.

당시 내 귀에는 그들이 하는 말이 도대체 알아들을 수 없는 외계어로 들렸다. '사우너들이 말이죠~', '로일리가~', '환희', '되살아나는데' 등 뭔가를 가리키는 것 같긴 한데 낯선 용어들이 정신없이 튀어나와서 솔직히 말해 '이 사람들, 제정신인가?' 하고 여길 정도였다.

어쨌든 사우나실에 들어가는 방법이나 효용에 대해서 자세히 내 견해를 구할 때 나는 "그것은 아마 의학적으로 이렇기 때문일 겁니다"라고 거침없이 대답했다. 그러면서 '사우나라는 게 꽤 이치에 맞을지도 모르겠다'라고 생각하게 되었다. 그렇지만 여전히 미덥지 못한 구석이 있었던 건 사실이다. 그래서 녹음이 다 끝난 후에 불쑥 말했다.

"사우나가 정말로 그렇게 좋은 겁니까? 라디오라서 조금 연기한 건 아니고요?"라고 말이다. 그러자 가 보면 알게 된다며 아키야마 씨는 다짜고짜 나를 끌고 사우나에 데려갔다. 장소는 도쿄 사사즈카에 있는 마루신 스파. 이곳은 전철이 지나가는 소리가 들릴 만큼 역과 가까운 건물의 10층에 있었다. 나중에 알게 된 사실인데, 이곳은 외기욕 장소가 명소라 '천공의 아지트'라는 별명이 붙은 사우나다.

아키야마 다이스케 씨 외에도 라디오 녹화할 때는 없었던 마츠오 히로시라는 사람이 합류했는데, 그도 사우나 마니아이며 '황홀한 우두머리'라고 불렸다.

그리고 마침내 이 사람들의 가르침을 받으면서 실제로 사우나에 들어갔더니 뭔가 확실히 달랐다. **지금까지 내키는 대로 들어갔던 사우나와는 몸의 반응 자체가 달랐던 것이다.**

덜컹덜컹 덜컹덜컹 하며 지나가는 전철 소리를 배경으로 석양에 물들어 가는 대도시를 바라보며 하는 외기욕이란……

뇌와 신체의 저 깊은 부분이 완벽하게 상쾌해지는 것 같은 새로운 감각이 있었는데 이것이 그들이 말했던 '되살아나다', '환희'라는 것인가 하면서 난생처음으로 체감했다. 그래서 진심으로 "이거 말이에요. 뇌 과학적으로 뭔가 일어나고 있는 게 아닐까요? 저랑 본격적으로 연구해 보지 않을래요? 이런 전통적인 습관을 최첨단 과학으로 해석해 보면 재미있을 것 같아요"라고 말하자 그들도 그렇지 않아도 의학적 증명의 필요성을 느끼고 있었다면서 의기투합했다. 이렇게 해서 나는 사우나에 입문했고 의사로서 사우나 연구도 시작했다.

사우나를 하면 즉시 효과가 나타난다

그 이후 약 1년 동안 300회 이상 사우나에 갔다. 피실험자를 모집하기도 했고 때로는 내 신체 변화에서 데이터를 뽑았으며 해외 논문도 닥치는 대로 찾아 읽었다. 그러면서 매우 흥미로운 사실을 하나씩 밝혀냈다.

가장 먼저 사우나에 들어가면 '집중력이 향상된다', '아이디어가 잘 떠오른다', '수면 조절을 할 수 있다' 등 비즈니스 활동을 돕는 일석팔조의 장점이 있었다. 게다가 그 효과가 즉시 나타난다는 점이 무척이나 매력적이었다.

장기적으로는 '면역력 향상', '우울증 예방', '치매 위험 감소' 등 성공을 원하는 비즈니스맨만이 아니라 이 시대를 사는 모든 사람에게도 중요한 건강상의 많은 장점을 기대할 수 있었다.

이처럼 사우나에는 엄청난 효과가 있는데도 의학에 근거를 둔 효용은 거의 알려지지 않은 게 현실이다. 오히려 '누가 더 오래 버티나' 같은 위험천만한 사우나를 하고도 마치 자랑처럼 떠벌리는 사람도 있을 지경이다.

그렇기에 의사면서 사우나 애호가가 된 내가 사우나의 효용을 의학적으로 밝혀서 많은 분이 즐겁고 안전하게 그리고 하는 일에서도 높은 성과를 올릴 수 있게 사우나를 활용할 수 있도록 책을 쓰게 되었다. 사우나 초보자부터 숙련된 베테랑까지 만족할 책이라고 확신한다.

이 책의 정보를 기반으로 자신에게 가장 잘 맞는 사우나 방식을 만들어 가면 그것만큼 기쁜 일은 없겠다.

차례

제 4 장

목적별, 이럴 때 이런 방법으로 들어간다

제 1 장

사우나를 하면
왜 업무 실적이 오를까

'유능한 사람'이란
결국 심신을 잘 '되살리는' 사람

내가 사우나를 적극 권하는 가장 큰 이유는 사우나가 모든 건강법 중에서 **가장 효율적이면서도 신속하게 뇌와 신체를 '되살린다'** = '조정한다'가 가능하기 때문이다.

- 잠자리에 들어도 업무가 신경 쓰여서 쉽게 잠들지 못한다.
- 마감 날짜는 다가오는데 아이디어가 떠오르지 않는다.
- 머리가 무겁고 집중력이 자꾸만 떨어진다.
- 바쁜 업무에 스트레스가 쌓여서 자꾸만 짜증이 난다.
- 멍하니 있기는 한데 생각은 멈추지 않는다.
- 주체할 수 없는 식곤증 때문에 업무 효율이 떨어진다.

어떤가? 직장인이라면 누구나 백 퍼센트 공감하는 말일 것이다.

업무량이 많아지고 정신적인 스트레스가 쌓일수록 이상하게 회식과 술자리 같은 육체적으로 부담되는 자리도 덩달아 늘어난다. 날이 가면 갈수록 심신은 초주검이 되어 가는데 나를 둘러싼 환경은 여전하다. 복잡한 머리 좀 식히려고 '아, 골치야. 잠깐만 아무 생각 말고 있자' 해도 '아참, A사에 메일 보내야 하는데 잊을 뻔했다', '내일 아침 일찍 B사에 견적서를 보내야 하는구나', '헉, 예산 짜는 것 깜박했다', '어? 이 광고 좋네, C사의 기획에 응용할 수 있을 것 같아' 등 이런저런 생각이 무수하게 떠올라 뇌 피로를 풀기는커녕 더 혹사하고 있지는 않은가?

바쁜 비즈니스맨은 뇌를 '로그오프'하는 게 힘들다

뒤에서 자세히 설명하겠지만 사람이 겉으로는 그저 멍하니 있는 것처럼 보여도 속으로는 이런저런 생각을 하고 이럴 때 뇌도 70~80%의 에너지를 소비한다고 한다. 스마트폰에 비유하자면 화면은 꺼져 있지만 기기 내부의 앱이 계속 가동되고 있어서 배터리 충전량이 점점 줄어드는 것을 연상하면 이해가 쉬울 것이다.

즉, 멍하니 있을 때, 다시 말해 뇌가 쉬어야 할 때도 쉬지 못하는 게 뇌 피로의 원인이고 결국 업무 효율을 떨어뜨리는 원흉이다. 그러므로 때로는 강제로 뇌를 '로그오프'하는 게 필요하다. 용량이 꽉 찬 뇌를 비워 내서 작동 환경을 매끄럽게 해야 한다. 이처럼 심신을 원활하게 재정비할 수 있는 사람이야말로 슈퍼맨급 인재가 될 수 있다고 생각한다.

일 처리를 잘하는 유능한 사람일수록 일이 몰리기 때문에 점점 더 바빠지는 경향이 있다. 할 일이 점점 늘어나 강한 압박을 받는 건 사실이지만 주저앉아 있을 순 없는 노릇. 확실하고 지속적으로 결과물을 내놓아야 한다. 그러기 위해서 필요한 것은 바로 만성피로로 지쳐 있는 심신을 단시간에 재충전해서 업무 수행력을 최대한 발휘할 수 있는 상태로 '되살리는' 것이다.

하지만 그게 어디 말처럼 쉬운 일인가!

치열한 경쟁과 업무 폭주로 균형이 깨진 **뇌와 신체를 재충전하는 방법으로 '명상'과 '마음챙김(mindfulness)'이 꾸준한 주목을 받고 있**

다. 애플의 창업자 스티브 잡스, 세일즈포스의 CEO 마크 베니오프 같은 유명한 경영인이 극찬했고 구글, 인텔, 미국 국방부와 농무부 등이 연수 프로그램으로 도입하며 널리 알려진 방법이다. 특히 잡스는 대학생 때부터 선(禪)사상에 심취했으며 일본 사찰에서 수행하고 싶다고 했을 만큼 열성적이었다.

하지만 반대로 말하면 그 유명한 잡스조차도 몇 년씩이나 걸려 수행해야 할 만큼 심오하고 어렵다는 뜻이다. 실제로 명상이나 마음챙김은 트레이닝이 필수고, 진척도에 따라 그 효과가 다르다는 보고가 있다.[1] 게다가 세미나 같은 것은 1회 가격도 꽤 고액이다.

독자 중에도 마음챙김이나 명상을 해보긴 했지만 '올바르게 하고 있는 건지도 잘 모르겠고, 효과가 딱히 있는 것 같지도 않고……'라고 생각하는 사람이 많을 것이다.

사우나라면 누구든지 자동적으로 심신을 정비할 수 있다

그런 점에서 사우나는 어떤가. 사우나는 그저 들어가기만 하면 OK다. 특별한 노력이 필요 없고 재능도 필요하지 않으며 가격도 착하다. 아무것도 신경 쓰지 않고 단지 사우나를 즐기기만 하면 심신이 자동으로 재충전된다. 그렇다면 누구나 할 수 있지 않을까?

어째서 사우나에 들어가기만 하면 자동으로 심신이 '되살아나는' 걸까. 그리고 어떻게 해야 비즈니스에서 성과로 이어질까. 그 이유를 지금부터 하나씩 밝혀 보기로 하겠다.

—

사우나에 들어가면
왜 자동적으로 되살아나는 걸까

사우나에 들어가면 어떻게 해서 자동적으로 심신이 재충전되는 것일까? 사우나로 인해 일어나는 인체 반응의 의학적인 설명은 뒤에서 자세히 하겠으나 일단 간단히 말하면 사우나가 인체에게는 '비일상적인 위기 상황'이기 때문이다.

가장 먼저 사우나실에 들어가면 뜨거워서 이런저런 생각을 할 여유가 없다. 사우나는 100도에 가까운 초고온이고 세상에서 가장 더운 장소다. 평소와 전혀 다르기 때문에 위기를 느끼는 환경이다. 그래서 인체는 잡생각을 멈추고 사우나의 환경에 대응하기 위해 생존에 집중한다. 조금 철학적인 표현을 쓰자면 내면에 집중해 본능을 깨우는 개념이라고나 할까.

그다음엔 냉수욕탕 차례다. 극한까지 뜨거워졌던 인체를 이번에는 찬물에 담근다. 당연히 몸은 놀란다. 그리고 다시 생명의 위기를 느낀다. 조금 전까지는 극도로 뜨거웠는데 지금은 극도로 차갑다. 인체는 자율 신경, 심장박동, 혈압, 혈류량, 뇌 호르몬 등을 컨트롤하면서 갖고 있는 힘을 총동원해 환경에 적응하려 한다.

마지막으로 드디어 외기욕이다. 온갖 역경을 견디고 마침내 생명의 위기에서 벗어났다고 판단한 인체는 급속도로 '되살아난다.' 외기욕은 사우나에서 가장 핵심적인 순간이며 에너지 낭비를 멈추고 한결 가벼워진 뇌가 움직이기 시작하는 순간이다.

인체도 민첩해진다. 혈류가 증가했기 때문에 요통이나 어깨 결림이 한결 부드러워진다. 이렇게 '되살아남'을 통해 100%, 아니 그 이상의 능력을 발휘할 수 있는 상태로 심신을 재충전할 수 있다.

흔히 '사우나에 간다'고 말할 때 '사우나실에 간다'와 똑같은 의미라고 여기는 사람이 많을 텐데 전혀 틀린 말이다.

눈이 휘둥그레질 만큼 내 몸에 큰 변화를 일으키는 것이 바로 '사우나실 → 냉수욕탕 → 외기욕'이고 이것이 '되살아나는' 열쇠이다.

'되살아나면' 비즈니스에
일석팔조의 효과가 생긴다

'되살아나다'는 사우나 애호가 사이에서 쓰이는 말로, '사우나 후 심신의 컨디션이 최상으로 느껴지는 환희의 상태'를 말한다. 드라마 〈사도〉에서 등장인물이 '되살아났다~'라고 말하는 순간 텔레비전 화면에서 만화경 같은 배경이 빙글빙글 움직이기 때문에 일반인들은 그처럼 빛이 나고 밝고 환하게 보이나 하고 생각할지 모르겠으나 그렇지는 않다. 하지만 다소 환각 같은 감각이 있는 것은 사실이다.

이 '되살아난' 감각은 사람에 따라 표현 방법이 다른데 나같은 경우 외기욕 의자(외기욕을 할 때 앉는 의자)에 앉아 눈을 감고 쉬고 있다가 순간, 머리가 개운해졌다고 실감할 때 '되살아났다'고 느낀다. 몸이 공중에 붕 뜬 것 같은 독특한 느낌, 즉 부유감을 느낀다거나 몸의 윤곽이 희미해지는 것 같을 때도 있다.

이때는 매우 편안하게 쉬고 있지만 잠이 오는 건 아니다. 오히려 의식이 명료하고 청명해진다. 그리고 사우나에 들어오기 전에는 알아채지도 못했던 냄새나 환기팬의 소리, 옷을 갈아입을 때의 티셔츠 감촉 등 보통은 느끼지 못했던 감각들이 민감하게 깨어난다. 책을 쓰는 데 도움을 준 사우나 애호가분들도 그 순간의 감각을 '궁극의 행복감, 공중에 두둥실 뜨는 느낌이면서 동시에 한곳으로 집중되는 몰입감의 동거'(고쿠요 대표이사실 가와다 나오키 씨), '뇌가 구름이 된 듯 둥둥 떠다니는 느낌'(홋카이도 호텔 사장 하야시 가츠히코 씨) 등 독특한 부유감을 제일 먼저 꼽는 사람이 많았다.

사우나 직후에 느껴지는 행복감은 부교감 신경이 활성화 중인데도 혈중 아드레날린이 존재하는 희한한 상태 때문인데 '진짜' 되살아나는 타이밍은 냉수욕탕에서 나온 뒤 약 2~3분밖에 되지 않는다.

하지만 그 2~3분이 지나도 뇌가 개운하고 몸이 가벼워지는 리셋된 느낌은 지속된다. '되살아나'면 컨디션이 매우 좋아지기 때문에 자신이 슈퍼맨이 된 것처럼 느껴진다는 사람도 있는데, 그 사람이 갖고 있던 본래의 능력이 부활한 것이라 생각하는 게 맞다. 즉, '사우나를 통해 되살아난다'는 것은 직후에 느껴지는 환각적 감각만을 말하는 게 아니라 사우나에 들어갔기 때문에 심신이 자동적으로 재충전되어 그 사람 본래의 능력이 부활하는 감각을 가리키는 말이라고 생각한다.

　사우나로 심신을 '되살릴' 수 있으면 비즈니스맨에게 최소한 '일석팔조'의 효과가 생긴다고 확신한다. 지금부터 그 구체적인 효과에 대해 의학적으로 설명하겠다.

04

효과 ①
뇌 피로가 사라져
뇌가 개운해진다

'오로지 사우나로만 얻을 수 있는 최고의 효과는 무엇인가'라는 질문을 받으면 나는 '뇌 피로가 사라지는 것'이라고 대답한다. 사람이 멍하니 있을 때라도 실제로는 이런저런 생각이 맴돌기 마련이며 여기에 뇌의 에너지가 70~80%나 쓰이기 때문에 가만히 있는다 해서 뇌 피로가 사라지지는 않는다. 게다가 뇌가 자동적으로 움직이는 것이기 때문에 의지로 아무리 생각을 멈추려 해도 잘 되지 않는다.

　반대로 열심히 생각할 때, 예를 들어 기획서를 작성한다거나 프레젠테이션을 준비하는 등의 일로 뇌를 능동적으로 사용하고 있을 때의 뇌 에너지 소비량은 멍하니 있을 때보다 겨우 5% 정도 오르는 수준이다.

다시 말해 무언가 의미 있는 작업을 실행할 때 뇌의 에너지 소비량이 겨우 5% 정도밖에 상승하지 않는 것에서 멍하니 있을 때의 에너지 소비량이 얼마나 막대한지 알 수 있을 것이다. 그와 동시에 가만있을 때의 뇌 에너지 소비량을 줄이고 싶어질 것이다. 당연하지 않겠는가.

그 열쇠를 쥐고 있는 것이 'DMN(Default Mode Network)' 과 'CEN(Central Executive Network)'이다. **DMN은 멍하니 있을 때, 즉 뇌가 의식적으로 활동하고 있지 않은 때 일하는 뇌회로다.** 의식적으로 활동하고 있지 않다고는 해도 일정으로 정신없이 바쁜 비즈니스맨이라면 언제나 복수의 할 일이 있기 때문에 기억해야 할 사항이 머릿속에서 계속 맴돌기 마련이다.

또한 멍하니 있는다는 것은 기본적으로 아무것도 하고 있지 않기 때문에 밖에서 들어오는 정보에 민감해질 필요가 없다. 마음은 점차 내면을 향하고 나에게 들어오는 정보는 그냥 흘려보낸다. 텔레비전을 보고 있을 때 처음에는 무엇에 대한 것인지 신경 써서 보다가도 점차 백색소음처럼 되듯 말이다. 이런 상태가 심해지면 조현병이나 우울증, 불안장애, ADHD(주의력결핍 과잉행동장애), 알츠하이머 등 많은 질환으로 이어질 위험이 있다.[2] 이처럼 내면의 사고가 지속되면 DMN이 계속 활동하게 되고 뇌는 점점 피로해진다.

한편 CEN은 집중해서 일을 하고 있을 때 활발히 활동하는 뇌회로이다. CEN이 활성화되면 졸음이나 배고픔 등 자신 안에서 발생하는 정보를 차단하고 자신 밖에 있는 '할 일'에 집중할 수 있다. 기획서를 만들거나 고객과 회의를 하고 프레젠테이션을 하는 등 눈앞에 있는 업무에 몰두할 수 있다.

뇌 피로를 푸는 열쇠는 'DMN'의 소비량을 줄이는 것

DMN과 CEN은 동시에 활성화하는 게 아니라 한쪽이 활성화하면 다른 한쪽은 불활성화하는 마치 시소 같은 관계다.

하지만 말했다시피 CEN의 에너지 소비량이 5%인 것에 비해 DMN은 70~80%나 된다. 이것은 성인과 어린아이가 마주 앉아 시소를 타고 있는 것과 같이 꽤 불편한 모양새다. 어쨌든 눈앞의 할 일에 집중하기 위해 비록 어린아이처럼 작더라도 CEN이 기세등등하게 시소에 올라타지만 다른 한쪽의 DMN

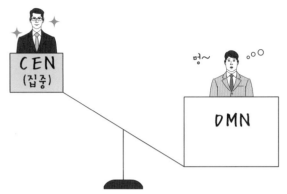

× '집중'으로 전환하기 어렵다.
× '뇌 피로'가 진행된다.

DMN을
슬림화

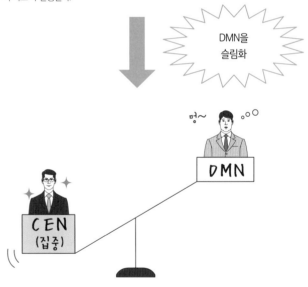

◎ '집중'으로 전환하기 쉽고 유지하기도 쉽다.
◎ '뇌 피로'가 줄어들어 뇌가 개운하다.

이 너무 커다랗기 때문에 시소는 좀처럼 움직이지 않는다. 온 갖 노력으로 어찌어찌해서 CEN 쪽으로 시소를 기울게 했더라도 금세 DMN으로 바뀌고 만다.

그러므로 뇌가 최대 능력을 발휘할 수 있게 하려면 DMN의 소비량을 줄여야 한다. 그리고 사우나에 들어가면 강제로 사고를 정지시킬 수 있기 때문에 DMN의 소비량이 줄어든다. 그래서 '뇌가 개운해졌다', '뇌 피로를 예방한다', '집중하기 쉬워졌다', '집중 상태가 지속된다' 등과 같은 장점을 얻을 수 있는 것이다.

05

효과 ②
결단력과 집중력이 향상된다

빨리 결정해야 할 사안이 여기저기서 쏟아지는 일이 다반사인 비즈니스맨에게는 민첩한 의사결정 능력도 요구된다. 또 그렇게 할 수 있도록 하는 집중력도 필요할 것이다. 여기서는 내가 깊은 흥미를 갖고 실행했던 연구 결과를 소개하겠다.

사우나에 들어가기 전과 후의 뇌에 관해 알아보고자 MEG(자기 뇌파 검사법)를 사용해 피실험자 20명을 측정했다. MEG란 뇌 안쪽에서 희소하게 발생하는 자기장 변화를 잡아내는 기기로, 간단히 말하자면 '뇌의 움직임'을 측정하는 것이다. 뇌의 양상을 측정하는 기기로는 fMRI(기능적 자기공명영상)가 유명하긴 하지만 이것은 혈류를 측정하는 것이기 때문에 전기적 활동을 하는 뇌의 기능은 볼 수가 없다. 이에 비해 MEG는 자기실드룸(magnetic shield room) 안에 들어가 200 이상의 센서를 사용해 머리 전체에서 전기적 활동의 결과로 발생하는 자기력을 측정하므로 뇌의 어느 부분이 언제 어느 정도의 세기로 활동했는가를 고도의 정밀도로 측정할 수 있다.

이 MEG 검사 결과 놀라운 사실을 알 수 있었다. 사우나에 들어간 후에 피실험자 모두의 α(알파)파가 '정상화'된 것이다.

사우나실에 들어가면 α파가 정상화된다

α파는 릴랙스할 때 나오는 뇌파이기 때문에 '나오면 나올수록 좋다'고 생각하기 쉽지만 절대 그렇지 않다. 중요한 점은 '정상 α파'가 나오는 데 있기 때문이다.

뇌파는 주파수(1초 동안 반복된 파장의 수)에 따라 분류되고 헤르츠(Hz)라는 단위로 나타낸다. 그리고 α파는 8~13Hz에 속하는 파장이다. 그렇지만 '8Hz라면 α파니까 괜찮다'거나 '13Hz니까 괜찮다'는 말은 아니다.

물론 이 둘은 α파의 범위 안에 있지만 정상 α파의 평균치는 10Hz 정도이므로 엄밀히 말해 10에서 너무 벗어나면 안 된다.

8에 가까워져도 안 되고, 13에 가까워져도 안 된다. 참고로 치매에 걸린 사람은 이 주파수가 10Hz보다도 낮다.

또 진폭(파장의 높이)이 적절한 범위 안에 있어야 가장 좋다. 정리하자면 사우나실에 들어간 후 α파가 정상화된다. 다시 말해 주파수도 진폭도 올바른 범위 안에 들어가게 된다는 사실을 이번 연구를 통해 알게 되었다.

작업기억이 향상되어 업무 처리가 빨라진다

α파가 정상화되면 인지기능(작업기억)과 집중력이 향상된다는 보고는 이미 존재한다.[3] 작업기억(working memory)이란 정보를 일정 기간 보존하고 동시에 처리하는 능력을 말하는데, 흔히 작업대에 빗대어 설명할 때가 많다. '작업기억 용량이 크다 = 작업대가 넓다'처럼 일을 할 때 작업대가 넓으면 넓을수록 거치적거리는 게 없어서 작업하기 편하지 않겠는가!

작업대가 좁으면 필요한 것들을 꺼내 놓을 수 없기 때문에 쓸 때마다 서랍에서 꺼내 쓰고 집어넣고를 반복해야 한다. 그만큼 시간이 걸리니 비효율적이다.

반대로 작업대가 넓으면 필요한 것을 꺼내 펼쳐 놓고 일할 수 있어서 한눈에 어떤 상황인지 금방 파악할 수 있다. 어디서부터 손을 대야 좋은지 일의 우선순위를 잡기도 쉬워서 결단력도 향상된다. α파를 정상화했을 뿐인데 필요한 순간에 고도로 집중하고 빠른 의사결정을 할 수 있게 된다니 사우나야말로 업무 성과를 높이는 필살기가 아니겠는가!

—

06

효과 ③
아이디어 · 영감이 샘솟는다

뇌의 에너지 스위치가 꺼지지 않아 항상 70~80% 정도 소비하고 있으면 이른바 '번아웃' 상태가 된다.

- 내일 있을 프레젠테이션 때문에 계속 컴퓨터 앞에 있기는 하지만 뭔가 획기적인 게 떠오르지 않는다.
- 고객에게 제안할 이벤트를 짜야 하는데 이렇다 할 한방이 생각나지 않는다.
- 신상품 아이디어가 필요한데 흔해 빠진 것들밖에 떠오르지 않는다.

한번 생각이 꽉 막히면 생각하려 할수록 머릿속은 더 엉망진창이 되고 시간만 흐르는 경우가 많다. 이럴 때야말로 사우나가 나설 차례다. 왜냐하면 사우나에는 아이디어가 잘 떠오르게 하는 효과도 있기 때문이다.

입욕과는 다른 사우나할 때 나타나는 뇌파가 있다

앞서 말한 MEG 연구로 사우나실에 들어간 후에 오른쪽 마루엽(두정엽)의 일부에서 β(베타)파가 증가하는 것을 알게 되었다.

마루엽은 일반적으로 감각과 인식, 정보 분석을 관장하는 영역인데 오른쪽의 주요 역할은 음악과 공간 파악, 발상 등이라고 한다.[4] 이에 비해 왼쪽은 논리적인 사고와 계산, 언어적인 것 등을 관장한다. 이번 실험에서는 오른손잡이인 사람만 있었기 때문에 이 경우만을 전제로 하겠다. 왼손잡이의 경우는 좌우가 반대이다.

β파는 14~30Hz의 뇌파를 말한다. 아까 말한 α파는 잔잔한 파장을, β파는 조금 거친 파장을 연상하면 된다. 즉, β파가 증가한다는 말은 그 부분이 꽤 출렁거린다는 뜻이다. 다소 긴장 상태가 되어 활동하고 있음을 나타낸다.

뇌를 위에서 본 그림

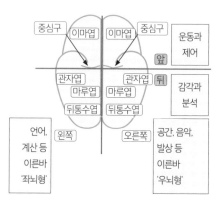

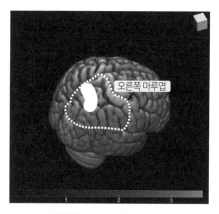

하얀 부분이 평상시에 비해 변했다.

그렇기 때문에 아무것도 하고 있지 않을 때, 즉 편하게 쉬고 있을 때는 원래 α파가 늘어나고 β파가 줄어든다. 예를 들면 탕에 들어간 후에는 릴랙스 상태이기 때문에 β파가 내려간다.

그런데 이번 연구에서는 오른쪽 마루엽의 일부 영역에서 β파가 증가하고 있었다. 사우나에서 나와 안정을 취하고 있던 때 측정했기 때문에 β파는 감소해 있는 게 당연한데 실제는 증가한 것이다. 이것은 탕에 들어가는 입욕과 사우나가 뇌에 미치는 영향이 다르다는 사실을 입증한다.

게다가 β파가 오른쪽 마루엽에서 증가했다는 사실은 감각을 관장하는 영역이 활동하고 있다는 말이기도 하다. 다시 말해 사우나를 하면 아이디어가 떠오르기 쉬운 상태가 되는 것이다.

07

효과 ④
감정적이 되지 않는다

어떤 일에 감정적으로 반응해서 후회한 경험이 누구에게나 있을 것이다. 남들 눈에 이상해 보이는 행동을 하면 주변과 관계도 서먹해지고 악화되다가 결국 업무 효율까지 떨어진다. 업무를 잘 처리하고 높은 성과까지 일사천리로 이어지게 하려면 감정 조절도 현명하게 할 필요가 있다.

사우나를 하면 감정을 조절하기 쉬워진다는 장점도 있다. 예민해 있던 마음이 평온해지고, 책임이 막중한 일을 하게 되어 스트레스가 가득 찼던 마음이 진정되며 부정적인 감정이 사라진다. 모든 것을 용서할 수 있는 마음이 된다고나 할까. 녹색 괴물인간 헐크에서 친절한 정상인 배너(헐크로 변신하기 전 과학자 자신)로 돌아오는 걸 연상하면 딱이다.

이것은 α파가 정상화되어 릴랙스 효과가 높아지는 것에 더해 자율 신경까지 재조정되는 것과도 관계있지 않을까 생각한다.

자율 신경이 단련되면서 멘탈이 안정된다

자율 신경이란 혈류와 장기의 활동을 관장하는 인체의 생체 유지 시스템 같은 것이다. 예를 들어 더우면 땀을 흘려 체온을 조절하거나 혈관을 확장·수축해서 혈류를 컨트롤하는 것 등이다.

자율 신경은 교감 신경과 부교감 신경으로 나뉘고 기본적으로 서로 반대되는 활동을 하면서 인체 시스템의 균형을 맞추고 있다. 교감 신경은 심신을 흥분 상태로 만드는 활동을 하는데 자동차에 빗댄다면 액셀과 같다. 반면 부교감 신경은 브레이크 같은 것으로 심신을 안정시키는 활동을 한다. 바쁜 비즈니스맨은 평소에도 스트레스가 많기 때문에 교감 신경이 우위인 상태가 대부분이라 자율 신경 밸런스가 깨져 있기 일쑤다.

하지만 사우나에 들어가 몸을 '위기'라는 상황에 두는 일이 빈번하면 인체의 생체유지 시스템인 자율 신경이 자극받아 단련되기 시작한다.

덕분에 사우나에 있지 않은 일상생활에서도 교감 신경과 부교
감 신경의 전환이 부드럽게 전환되어 컨디션이 개선되고 결과
적으로 멘탈이 쉽게 안정된다.

08

효과 ⑤
75%가 개선을 실감!
수면을 컨트롤할 수 있게 된다

- 잠자리에 들어도 일에 대한 생각이 머릿속을 떠나지 않아 푹 자지 못한다.
- 자다가 몇 번이나 깨서 피로가 가시지 않는다.
- 귀가 시간이 점점 늦어져 결국 수면 시간이 줄어든다.
- 낮에 갑자기 졸음이 쏟아진다.

　수면 부족은 대부분의 비즈니스맨을 힘들게 하는 큰 고민거리다. 게다가 일률적으로 수면 부족이라 표현해도 그 속을 들여다보면 쉽사리 잠들지 못한다거나 자꾸 깬다거나 수면 시간이 짧다거나 잠드는 시간이 점점 늦어진다는 등 참으로 다양하다. 어떻게 해야 제대로 잠을 잘 수 있을까. 그 대답도 사우나에 있다.

사우나를 하면 단시간에 깊은 수면을 취할 수 있게 될 뿐 아니라 낮에 쏟아지는 졸음도 막을 수 있다는 놀라운 연구 결과가 있다.

가장 먼저 사우나를 했더니 75%의 사람에게서 수면이 개선되었다는 연구 결과에 대해서 설명하겠다.[*5] 이것은 2019년에 보고된 최신 논문인데 이런 효과가 어떻게 생겼는지에 관한 의학적 원리와 과정은 아직 밝혀지지 않았다.

하지만 나는 '뇌가 착각하기 때문'이라고 추측한다. 사우나실과 냉수욕탕에 들어가면 땀이 흠뻑 나거나 모공이 바짝 수축되는 등 체온 조절이 극과 극으로 변한다. 그런 다음 외기욕을 하며 잠깐 쉰 다음 2세트째에 돌입한다. 이것은 마치 전력질주 → 냉찜질 → 중간 휴식으로 짜인 가혹한 왕복 달리기에 비유할 수 있다.

물론 실제로 근육을 쓰는 게 아니므로 피로 물질은 쌓이지 않지만 뇌가 착각하는지도 모르겠다는 뜻이다. '이 육체는 이미 매우 지쳤다'라고 말이다. 판단 중추에 착각이 일어날 만큼 몸이 느끼는 가혹한 변화가 사우나 세트가 반복될 때마다 차곡차곡 쌓여 가다가 결국은 '이젠 몸 좀 쉬게 해 주세요'라는 신호가 뇌에서 나와 마치 강도 높은 운동 후 깊은 숙면을 취하는 것처럼 되는 게 아닐까 하는 의미다. 또 사우나만이 할 수 있는 체온 변화도 숙면에 영향을 주고 있다고 생각한다.

어째서 인간은 눕기만 하면 잠이 솔솔 오는 걸까? 그건 바로 DPG(distal-proximal skin temperature gradient)라는 수면 스위치가 누우면 '찰칵' 하고 켜지기 때문이다.

DPG가 커지면 잠이 온다

DPG란 신체 중심부의 심부 체온과 손발끝 같은 말단 체온의 차이를 말한다. 말단 체온이 심부 체온보다도 높아지고 그 차이가 클수록 잠이 온다는 결과가 1999년에 세계적 과학 잡지 〈네이처〉에 실렸다.

누워서 몸이 지면과 수평이 되면 평소 중력 때문에 되돌아가기 어려웠던 신체 말단의 혈액이 몸 중심으로 돌아가고 거기서 얻은 심부의 열을 말단으로 보낸다. 몸 중심에서 말단으로 열이 이동하기 때문에 심부 체온은 낮아지고 말단의 온도는 오르는데 그러면서 DPG가 커지고 졸리게 되는 것이다. 그런데 사우나에 들어가면 이와 같은 일이 일어난다.

사우나실은 온도가 100도 가까이 되기 때문에 몸의 중심까지 따뜻하게 할 수 있다. 그리고 사우나실을 나오면 중심부의 온도는 조금씩 떨어진다. 여기에 외기욕을 하면 부교감 신경이 활성화되면서 말단의 혈류가 증가해 평소라면 차가웠을 손발 끝이 따끈따끈해지고 그 상태가 지속된다.

한편 사우나에 의해 올랐던 심부의 체온은 신체 말단에 열을 빼앗겼기 때문에 온도가 서서히 낮아진다.

이쯤 되면 여러분도 '중심부 온도는 내려가고 말단부 온도는 올라간다'는 흐름이 사우나를 통해 인위적으로 이루어질 수 있겠구나 하는 생각이 들 것이다. 그래서 DPG가 커지고 수면 스위치가 켜지면서 졸리게 되고 말이다. 하지만 이것은 내 개인적인 추측에 지나지 않으며 지금까지의 전문가 연구에서는 수면의 질에서 살짝 언급했을 뿐 보다 자세한 조사나 과정은 보고되어 있지 않다.

그래서 나 자신이 피실험자가 되어 사우나에 들어가도 망가지지 않는 가민의 스마트 워치 비보스포츠*를 손목에 차고 '사우나에 들어간 날', '사우나에 들어가지 않은 날'로 수면 상태를 비교했다.

그 결과 '사우나에 들어간 날'은 깊은 수면 시간이 약 2배가 되는 것을 알 수 있었다.

깊은 수면 시간이 약 2배로!

실험은 나의 평균 수면 시간인 5시간을 비교 대상으로 했고 각각 5일 동안 측정했다.

그랬더니 사우나에 들어갔던 날은 들어가지 않았던 날에 비해 뇌와 신체의 피로를 회복시키는 깊은 수면이 평균 1.5배나 길었다. 좀 더 자세히 비교하고자 어느 하루를 각각 뽑아 살펴봤더니 사우나에 들어가지 않았던 날은 첫 번째 깊은 수면 시간이 49분이었던 것에 비해 들어갔던 날은 94분이나 되어 약 2배나 길었음을 알 수 있었다.

잠깐 이 대목에서 퀴즈 하나를 내겠다.

* 비보스포츠 : 심박 기능이나 운동 시 이동거리와 시간, 속도 등을 확인할 수 있는 시계_역주

다음 페이지에 있는 어느 하루의 수면 상태를 해석한 그래프를 보자. 사우나에 들어간 날은 깊은 수면이 약 2배 늘어난 것을 알 수 있을 것이다.

만일 사우나에 들어가지 않았던 날에도 이처럼 깊은 수면을 2배 정도 길게 하려면 수면 시간을 얼마만큼 늘려야 할까?

'수면 시간을 2배로 한다'라고 대단한 사람은 틀린 답을 내놓았다. 그래프를 보고 다시 한 번 생각해 보자. 후반부에는 깊은 수면이 보이지 않고 있다.

그렇다. 정답은 '몇 시간을 자도 늘릴 수 없다'이다.

'무슨 퀴즈가 이래?'라고 할지 모르겠으나 그래프를 보면 알 수 있듯이 후반부에는 깊은 수면이 없다. 즉, 수면 시간을 늘리더라도 얕은 수면만 늘어날 뿐이라 시간만 낭비한 셈이다.

그러나 사우나를 하면 잠이 드는 첫 단계에서 깊은 수면을 길게 취할 수 있기 때문에 단시간의 수면으로도 충분하다.

식후에 잠이 솔솔 오는 식곤증에도 효과가 있다!

점심 식사 후에 잠이 솔솔 온다거나 자꾸만 감기는 눈꺼풀을 떠 보려고 안간힘을 다해 봐도 쏟아지는 잠을 어찌할 수 없는

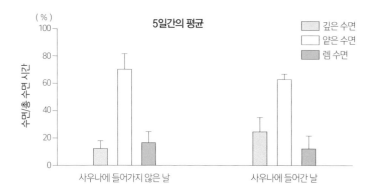

5일간의 평균

(%)

수면/총 수면 시간

깊은 수면
얕은 수면
렘 수면

사우나에 들어가지 않은 날

사우나에 들어간 날

하루의 수면 상태를 해석한 그래프

사우나에 들어가지 않은 날

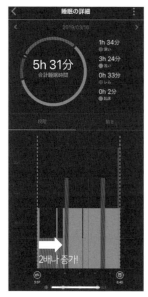

사우나에 들어간 날

2배나 증가!

* 수면에는 자고 있을 때도 안구가 움직이는 렘 수면과 안구가 움직이지 않는 비렘 수면이 있고 비렘 수면은 다시 '깊은 수면'과 '얕은 수면'으로 나뉜다.

등 낮에 갑자기 몰려드는 졸음에 힘겨웠던 경험이 있을 것이다. 이런 사람 중에는 아마도 혈당치가 높은 사람이 있을지도 모르겠다.

식사를 통해 체내에 들어온 당질은 장에서 분해되어 포도당으로 흡수된다. 이때 췌장에서 분비된 인슐린이란 호르몬이 그 흡수를 돕는다.

그런데 당뇨병이나 당뇨병 예비군인 사람은 인슐린의 감수성(효과)이 낮은 상태이기 때문에 고혈당 상태가 지속된다. 인간의 몸은 혈당치가 높아지면 잠이 오게 되어 있기 때문에 졸음이 몰려오는 것이다.

그런데 사우나를 하면 반갑지 않은 졸음을 내쫓는 효과를 기대할 수 있다. 사우나에 들어가면 'HSP(heat shok protain, 열충격단백질)70'이란 물질이 나오기 때문이다.

HSP란 열자극을 받으면 활성화되는 특수한 단백질을 말하는데 자외선이나 활성산소 등으로 망가진 단백질을 검사한 후에 '고쳐서 사용할 수 있다'라거나 '더 이상 쓸 수 없다' 같은 세세하게 처리하고 세포를 회복시키는 일을 한다.

HSP70은 수많은 HSP 중에서도 특히 항산화력이 높은 단백질이며 인슐린 감수성을 높인다는 연구 보고가 있다.[6] 이 HSP70이 사우나에 들어가면 나온다. 그래서 혈당치가 높은 사람이나 식곤증으로 몸부림치는 사람에게 사우나가 도움이 된다고 말한 것이다.

졸릴 때 정신이 번쩍 들게 한다

사우나에 들어가면 뇌의 δ(델타)파가 낮아진다는 사실도 MEG를 사용한 연구로 밝혀졌다. δ파는 의식 수준이 낮아졌을 때 증가하는 뇌파인데, δ파가 낮아졌다는 의미는 각성도가 높아졌음을 의미한다. 즉, 사우나실에 들어가면 각성도가 올라 뇌가 깨어난다는 것이다. 실제로 미국에서 사우나 이용 목적의 35%가 약물이나 알코올 중독에서 벗어나기 위한 재활 프로그램인 것으로 보아 사우나는 의료의 일부로 활용되고 있음을 알 수 있다.[7]

'뭐야? 아까는 숙면할 수 있게 해 준다더니 지금은 각성도를 올린다고? 대체 무슨 말이야?'라며 의아해할지 모르겠지만 이 둘은 사우나에 들어가는 방법에 변화를 주면 가능하다. 즉, 사우나를 잘 활용하면 수면을 조절할 수 있다는 의미다. 목적에 따른 사우나 이용법은 제4장에서 소개한다.

09

효과 ⑥
감각이 민감해진다

셰프, 소믈리에처럼 남들보다 민감한 감각이 필요한 직업을 가진 사람들 중에 사우나 애용자가 많은 것 같다. **실제로도 사우나를 하면 미각과 촉각, 후각 등의 오감이 민감해진다.**

그 이유는 앞에서도 설명했듯이 뇌의 오른쪽 마루엽의 일부가 활성화하기 때문이다. 마루엽은 인간의 감지기에 해당하는 부분으로 감각을 관장하고 있다. 예를 들면 실내에서 걸을 때 가구의 위치와 자신의 신체와의 거리를 정확하게 재지 않더라도 부딪치지 않고 이동할 수 있는데, 이는 손이나 발 등 자신의 몸이 어느 위치에 있는지를 마루엽이 인지하고 있기 때문이다.

그러므로 마루엽을 다치면 눈을 감고는 옷을 입을 수 없게 된다. 이를 '착의실행'이라 부르는데 자신의 몸이 어떤 위치에 있는지 모르기 때문에 옷소매에 팔을 넣을 수 없게 되는 것이다.

이처럼 마루엽은 감각을 맡고 있는 매우 중요한 부분이다. 이 부분이 사우나에 들어가면 활성화되어 감각이 맑고 선명해진다는 것이 밝혀졌다.

그러므로 사우나를 마친 후에 먹는 음식(사우나 식사라고 부른다)이 평소보다 훨씬 맛있게 느껴진다. **양념이 강하지 않은 담백한 음식도 예전보다 훨씬 맛있게 느껴지고 원래 진하고 깊은 맛은 훨씬 더 진하게 느껴진다.**

그래서일까? 오히려 돈코츠라멘처럼 국물이 걸쭉하고 진한 건 먹고 싶다는 생각이 별로 안 들게 된다. 저절로 신선하고 싱싱한 건강한 식단을 찾게 되므로 몸에도 좋으리라 생각한다.

여기에 추가해서 조금 세세한 설명을 덧붙이자면, 이번에 실시했던 연구에 의하면 활성화된 것은 미각을 느끼는 부분(미각 영역) 그 자체가 아니라 마루연합영역이라고 하는 부분이었다. 실험 전에 예측했을 땐 '미각이 민감해진다니까 미각영역

그 자체가 활성화하는 거겠지'라고 생각했는데 그렇지 않아서 뜻밖이었다.

미각영역은 마루엽의 일부이며 그 아래쪽에 위치한다. 마루연합영역은 미각영역의 조금 위에 그리고 마루엽의 한가운데에 위치한다.

마루연합영역은 인체의 각 감지기에서 받은 정보나 내적 정보(기억, 감정 등)를 감안해 종합적으로 판단하는 장소다. 같은 식사라도 싫어하는 상사와 먹을 때와 사이좋은 친구와 먹을 때 맛있다고 느끼는 정도가 다르지 않은가. 이것은 마루연합영역이 기억과 감정 등의 영역과 연락을 취하고 최종적으로 '지금 이것이 어떠한 감정인지를 판단'하기 때문이다.

이처럼 사우나를 하면 감각이 민감해지는 것은 확인했지만 자세한 과정에 대해서는 아직 해명해야 할 부분이 많다. 앞으로도 연구를 계속해 그 결과를 여러분과 나누고 싶다.

감각이 맑고 선명해져서 '몰입'에 들어간다

미각 이외에 내가 강하게 느끼는 감각의 변화는 촉각과 청각이다. 우선 공기의 촉감이 극단적으로 좋아졌다.

예를 들어 장마 때 사우나에 들어가면, 들어갈 때는 공기가 끈적끈적해서 기분이 좋지 않지만 나온 후는 하와이에서 알라모아나 쇼핑센터 앞을 걷고 있는 것처럼 산뜻하게 느껴질 때가 있다. 참 신기하게도 교통량이 많아서 공기가 좋지 않은 곳에서도 '기분 좋은 바람이 불고 있구나' 하고 느끼기도 한다. 티셔츠에 팔을 넣을 때도 감촉이 좋다. 아무래도 이것은 사우나를 하면서 피부 표면의 혈관과 모공이 탄력 있게 수축하는 것과 관계가 있는 것 같다.

외기욕을 하고 있을 때 실외기의 소리가 갑자기 거슬릴 때가 있다. 평소에는 전혀 들리지도 않던 소리였는데 '좀 시끄럽네. 실외기 소린가?' 하게 될 때가 있는 것이다.

이것은 몰입(flow, 심리학 용어로 극도의 집중 상태)에 가까운 상태가 아닐까 한다. 전체적으로는 릴랙스하고 있지만 필요한 부분만은 상승되는 상태 말이다.

내 경우 이 몰입 상태가 다음 날 아침까지 지속된다. 그런데 지속 정도는 개개인의 행동에 달려 있다고 생각한다. 사우나 후에 술을 마신다면 금방 무너질 것이고 사우나 후에도 업무를 하느라 극도로 집중하는 경우는 업무를 끝마침과 동시에 끝날 수도 있기 때문이다.

한편 감각이 민감해지면 통각도 민감해지는 것 아닐까 하고 걱정할지 모르겠다. 그것은 전혀 걱정할 필요가 없다. 고통을 느끼는 과정은 매우 복잡해서 공포나 기억 등에도 의존한다. 아이가 '싫어, 아파 아파!' 하며 울며불며 소리칠 때 주사를 놓는 것과 알아차리지 못하고 있을 때 주사를 놓는 것 중 전자 쪽이 고통을 강하게 느낀다. 뇌가 '아프다'는 신호 자체는 동일하게 받지만 기억과 그때 당시의 감정까지 포함해 아프다고 느끼기 때문이다.

또 사우나를 마친 후는 α파가 정상화되어 매우 릴랙스된 상태에 있기 때문에 부정적인 외적 정보에는 쉽게 둔감해지는 것 같다. 그러므로 사우나를 하면 오히려 고통에 둔감해질 수 있다고 생각한다.

10

효과 ⑦
어깨 결림 · 요통 · 눈의 피로가 풀린다

장시간 책상에 앉아 일을 하다 보면 어깨도 뭉치고 허리도 뻐근해진다. 작은 엑셀표까지 응시하다 보면 눈까지 침침해지기도 한다. 비즈니스맨은 뇌 피로만이 아니라 육체 피로까지 겪고 있다.

그렇다고 해서 근무 시간을 줄이는 것은 현실적으로 어렵다. 특히 엔지니어, 웹디자이너처럼 컴퓨터 작업을 꼭 해야 하는 사람이나 세무사·공인회계사, 연구직 같은 사람도 오랫동안 책상에서 일해야 한다. 그렇기 때문에 심신을 재충전할 방법을 아는 게 매우 중요하다. 맡겨진 업무는 피할 수 없을지라도 자신의 몸은 충분히 관리할 수 있다.

그런 점에서 사우나는 뇌뿐만 아니라 육체를 재충전할 수 있기 때문에 '업무 효율을 높이는 데 필수'이다. 사우나에 들어가면 피로가 풀린다는 보고가 또한 진짜로 존재한다.[8]

그 이유는 우선 **온열 효과로 딱딱하게 굳어 있던 근육이 부드러워지고 혈류가 증가하기 때문이다.** 혈류는 열을 전달하거나 산소와 영양소를 운반하는 일 외에 불필요한 것을 회수하는 일도 한다. 즉, 육체 피로를 일으키는 물질을 운반하고 배출해 개운하게 해 주는 것이다. 또 만병의 근원이라 여겨지는 **염증과 활성산소도 줄인다는 보고가 있다.**[9]

이 두 개의 연구로부터 알 수 있는 것은 바로 이것이다.

"사우나는 활동 때문에 손상된 조직(이 경우 어깨와 허리)의 염증을 제거해 치유가 잘 되게 한다. 나아가 항산화작용을 촉진해 손상에 강한 체질로 바꾼다."

다시 말해 **어깨 결림이나 허리 통증이 한결 부드러워질 뿐만 아니라 다시 재발하지 않는 몸으로 만들어 준다.**

눈의 피로도 마찬가지다. 혈류가 증가해서 조직이 부드러워지기 때문에 조직 손상을 완화하는 효과가 있다. 단, 눈의 피로를 풀려고 사우나에 들어갈 때는 습도가 낮은 건식 사우나는 가급적 피하는 것이 좋다. 각막 표면이 건조해질 수 있기 때문이다.[10] 대신 습도가 높은 습식 사우나를 이용하자.

이러한 효과는 탕에 들어가는 입욕으로도 가능하다고 여길지 모르겠다. 물론 입욕도 육체 피로를 완화할 수 있지만 사우나 쪽이 한층 더 높은 효과를 얻을 수 있다. 왜냐하면 사우나의 '극한 상태' 때문이다.

극한 상태의 사우나야말로 피로를 말끔히 제거한다

사우나실에 들어가면 심장이 두근두근 뛰기 시작해서 심박수가 평소의 2배 정도까지 올라간다. 심박수가 오른다는 말은 혈액을 내보내는 심장의 펌프 활동이 활발해져서 혈류가 늘어난다는 뜻이다. 한 조사에 따르면 사우나실에 들어가면 심장의 펌프 기능이 70% 정도 상승한다는 보고가 있다.[11] 그래서 **근육으로 가는 혈류가 증가해 피로 물질이 강력하게 쓸려나가 근육의 피로가 사라진다.**[12] 그래서 사우나를 하고 나면 신체가 개운하고 가벼운 느낌이 드는 것이다.

또 심장의 펌프 기능 상승은 냉수욕탕에 들어간 뒤에도 잠시 동안 지속된다. 그와 동시에 냉수욕탕에 들어갔기 때문에 피부 표면의 혈관이 순식간에 수축한다. 그렇게 되면 인체의 말단에 있던 혈액이 일시적으로 인체의 중심 부분으로 모여들게 되어서 심부 혈류가 증가한다. **뇌도 심부 혈류이므로 증가한 심부 혈류로 인해 뇌의 대사물질도 회수된다.** 이 효과도 뇌의 '되살아나다'에 기여해 뇌 피로를 없애는 데 기여한다고 생각한다.

11

효과 ⑧
첫인상이 좋아진다!
피부가 깨끗해지고
살찌지 않는 체질이 된다

비즈니스에서 첫인상이 중요한 것은 말할 것도 없다.

　여러분 중에는 미국의 심리학자 앨버트 메라비언이 제창한 '메라비언의 법칙'을 아는 사람도 많을 것이다. **처음 보는 인물의 인상을 결정짓는 요소는 '시각정보**(첫인상·표정·행동 등)**'가 55%, '청각정보**(목소리 톤·속도·크기 등)**'가 38%, '언어정보**(말의 내용)**'가 7%라는 법칙인데** 첫인상을 결정하는 절반 이상이 시각정보라는 점에서 외양이 얼마나 중요한지 잘 알 수 있다.

노동경제학자인 대니얼 S. 해머메시 교수가 20년 동안 실시한 연구 결과에 의하면 **외양에 따른 남성의 생애 연수입 차이가 2,700만 엔(약 2억 8,430만 원)**에 이른다. 그야말로 외양에 신경을 쓰는가 쓰지 않는가가 엄청난 차이를 부르는 시대다. 그리고 솔직히 말하자면 사우나에는 사람의 겉모습을 좋게 하는 효과가 있다.

가장 먼저 **피부가 좋아진다.**

사우나에서 땀을 내고 혈류가 증가하면 피부의 신진대사가 촉진되어 피부 상태가 정돈된다. 또 사우나 후에는 열자극을 받아서 HSP가 나오기 때문에 세포가 재생된다. 입욕에서는 얼굴을 오랫동안 담그고 있을 수 없기 때문에 얼굴까지 열을 줄 수 없지만 사우나는 공기 중의 열로 가능하므로 **사우나는 얼굴 피부를 관리하는 데 최고다.** HSP는 자외선에 손상된 피부도 되살리는데, 야외 골프장에서 운동한 후 사우나에 들어가는 것은 기미 방지에도 도움이 된다. 사우나를 끝내면 스킨이나 로션을 꼼꼼히 발라서 확실한 보습을 잊지 말자.

사우나로 디톡스?

여담이긴 한데 '사우나에 들어가면 디톡스가 된다(독소 배출)' 는 말이 여기저기서 들린다. 하지만 이것은 의학적으로 부정확한 말이다.

독소의 정의에 따라 다르겠지만 일단 여기서 말하는 디톡스는 마케팅 용어지 의학 용어가 아니므로 주의가 필요하다. 디톡스를 일본어로 바꾸면 '해독'이 되는데 인체에서 해독을 담당하는 것은 간과 신장이며 땀과 함께 독소가 나오는 일은 거의 없다.

그럼 무엇이 나올까? 수분과 전해질, 피지 등이 나온다. 특히 모공에 쌓여 있는 피지는 몸에서 나는 나쁜 냄새의 원인이 되므로 남성과 노령층은 특히 더 사우나를 가까이해서 청결을 유지하는 것이 좋다.

살찌지 않는 체질이 된다

또 한 가지 좋은 점은 사우나에 들어가면 갑상샘 호르몬이 증가하므로 신진대사가 늘어나 살찌지 않는 체질이 된다는 것이다. [13]

갑상샘은 목 앞 중앙에 위치한 작은 기관으로 이곳의 주요 역할은 교감 신경을 활성화하고 온몸의 신진대사를 원활하게 하는 일이다. 그렇기 때문에 사우나에 들어가면 갑상샘 호르몬이 증가해 신체 대사가 오르고 에너지를 소비하기 쉬운 몸이 된다.

수면 질이 높아져 낮 동안의 활동량이 상승하므로 간접적으로는 다이어트에도 도움이 된다.

그런데 솔직히 말해 정말로 살이 빠질지 어떨지는 본인의 행동에 따라 다르다. 사우나가 끝난 뒤 먹는 식사는 다른 때보다 훨씬 맛있게 느껴지기 때문에 많이 먹게 되면 당연히 살이 찐다.

또 사우나 직후는 칼로리의 흡수율도 높아지므로 주의가 필요하다. 왜냐하면 이때는 부교감 신경이 활성화되어 있기 때문이다. 부교감 신경은 위장과 연결되어 소화·흡수를 컨트롤하는데 부교감 신경이 활성화되면 소화·흡수도 이에 따르므로 그만큼 흡수율이 높아지는 것이다.

여러분 중에 '나도 모르게 자꾸 과식하네. 이러다 살찌는 거 아냐?'라고 생각하는 사람이 있을지 모르겠으나 기본적으로 신진대사는 나이가 들수록 떨어진다. 그러나 사우나는 그 대사를 끌어올리고 체내 환경을 건강하게 유지하도록 한다. 사우나는 체형을 컨트롤하는 데 큰 도움이 된다.

단식 효과로 지방이 줄어든다

최근 몇 년간 단식이 엄청나게 유행하고 있다. 특히 18시간 동안 하는 짧은 단식이 인기인 것 같다. 그런데 왜 18시간일까? 단식 후 18시간이 되면 신진대사의 스위치가 '식사로 얻은 것'에서 '저축한 것'으로 전환되어 저축한 것을 쓰기 때문이다.

인간은 진화 과정에서 몇 번이나 기아의 위험에 처했기 때문에 어느 날 에너지를 많이 섭취했을 경우 그것을 지방 형태로 저축했다가 다시 기아가 왔을 때 꺼내 이용할 수 있게 발달했다. 하지만 반대로 말하면 기아 상태가 되지 않으면 이 지방은 소비되지 않음도 의미한다. 따라서 하루 3식, 여기에 회식이나 접대가 끼어들어 과식 상태가 늘어나면 에너지는 충분을 넘어 과잉이 되고 그만큼 지방으로 차곡차곡 쌓인다.

이런 점에 착안해서 인체를 기아 상태로 놓아 대사 스위치를 바꾸기 위해 짧은 단식이 나온 것 같다. 실제로 18시간을 단식하면 갑상샘 호르몬이 분비되어 대사 스위치가 바뀐다. '이 신체는 지금 기아 상태다. 그러므로 저축해 뒀던 지방을 꺼내 사용하자'라고 말이다.

신진대사의 스위치를 바꾸는 역할을 갑상샘 호르몬이 한다는 점을 기억하자. '갑상샘 호르몬이 분비된다=신진대사 스위치가 바뀐다'라니 흥미롭지 않은가. 그리고 앞에서 말했듯이 사우나에 들어가면 갑상샘 호르몬이 증가한다. 그러므로 사우나에 들어가면 신진대사 스위치가 바뀌어 지방을 연소하게 된다.

단식할 때의 신속한 갑상샘 호르몬 변화는 매우 특징적인데 이와 비슷한 변화가 사우나에 들어가서 겨우 20~30분 뒤에 나타난다. 원래는 약 하루 동안 단식을 해야 지방에 신호가 가는데 사우나에서는 20~30분 만에 신호가 가니 얼마나 큰 장점인가.

단, 여기서 주의할 점이 있다. 사우나 전이나 사우나 중에 당분을 섭취하면 갑상샘 호르몬이 나오지 않는다.[13] 따라서 사우나 전에 식사는 피해야 한다. 또 사우나 애호가들이 좋아하는 '오로포(오로나민C+포카리스웨트)', '아쿠아리얼(아쿠아리우스+리얼골드), 이온워터 등에도 당분이 포함되어 있기 때문에 단식 효과를 노린다면 NG다. 마시려면 사우나가 끝난 후에 마시자.

부종이 사라진다

어느 날 아침에 일어났더니 얼굴이 퉁퉁 부어 당황했던 적이 있을 것이다. 그것도 중요한 프레젠테이션 혹은 미팅이 있는 날인데! 그런 날은 누구나 브이 라인과 초롱초롱 빛나는 눈매의 스마트한 인상으로 보이고 싶기 마련이건만!

그런 점에서 **사우나는 부종을 빼는 효과도 매우 높기 때문에** 편리하다. 부종이 '몸의 수분과 관계가 있을 것'이라는 점은 누구나 추측할 수 있다. 인체의 약 60%는 수분으로 이루어져 있고, 그중 3분의 2는 세포 내에 있으며 나머지 3분의 1은 혈액 속과 세포와 세포 사이를 가득 채우고 있는 체액(간질액) 내에 있다.

간질액은 세포에 산소와 영양소를 전달하거나 불필요한 물질을 회수해서 혈관으로 돌려보내기도 한다. 세포와 혈관 속을 다니면서 수분 균형을 유지하는 것이다.

그런데 어떤 원인 때문에 이 균형이 망가져 간질액에 있던 수분이 평소와 다르게 증가하면 몸이 붓는다. 간질액 속 수분이 증가해서 인체 표면이 팽팽하게 부풀어 오르기 때문이다.

그 원인 중 하나가 염분의 과잉섭취다. 인체는 체내의 염분

농도를 일정하게 유지하는 기능이 있다. 그렇기 때문에 염분을 많이 섭취하면 체내에 수분을 모아서 들어온 염분을 연하게 희석하려고 한다. 그래서 간질액에 수분이 증가하고 피부는 붓는다.

하지만 사우나에 들어가면 땀을 흠뻑 내기 때문에 간질액에 있던 과도한 수분을 줄일 수 있고 염분도 배출된다. 그 결과 부기도 빠진다.

요새 라면이나 맵고 짠 음식을 너무 많이 먹어서 얼굴이 붓는다 싶으면 사우나에 가자! 매끈한 피부에 샤프한 얼굴로 변신할 수 있다.

고쿠요 주식회사 대표이사실 / 사우나부 부장

가와다 나오키 (35)

고쿠요 그룹의 세일즈엔지니어 부장, 마케팅 기획부 등을 거쳐
현재 고쿠요 주식회사의 대표이사실 비서로 근무한다. 1급 건축
사이고 입욕과 사우나를 좋아하는 사람들이 모인 사우나부의 부
장으로 활동하며 조직 간 교류에도 힘쓰고 있다. JAPAN SAUNA-
BU ALLIANCE 공동대표도 맡고 있고 사우나 · 스파 건강 어드바
이저(후생노동성 후원), 핀란드 사우나 엠버서더(핀란드 정부
관광국 공인)이다.

기업 사우나부에서의 활동을 안팎으로 성장시킨다!

어렸을 때부터 사우나에 다녔고 사회인이 되어서는 일주일에 4~7회 정도 가고 있습니다. 20대 때 1급 건축사 자격증을 취득하기 위해 공부할 장소를 물색했는데 그땐 공부할 때 집중도 잘되고 휴식할 때 힐링도 가능해서 뇌 전환을 빠르게 할 수 있는 장소가 어디일까 찾아다녔지요. 그때 눈에 들어온 게 사우나였습니다. 이 모두를 할 수 있는 최적의 장소였기 때문에 사우나의 매력에 푹 빠졌습니다.

또 제가 매니저가 됐을 때의 일인데, 부하직원과 함께 사우나에 가면 직함을 떼고 인간 대 인간으로 속 깊은 대화가 가능한 장소가 되곤 했기에 아예 사내에 사우나부를 만들었습니다. 사우나부 활동을 통해 인맥도 넓어지고 다양한 고객과의 만남도 늘어서 지금 같은 '사람 부자'가 되었다고 생각합니다.

정신없던 일상에서 잠시 떨어져 잠시나마 쉬고 싶을 때나 어떤 일에 대한 생각을 정리하고 싶을 때 또는 지인을 만날 때 사우나에 갑니다. 또 운동이나 조깅을 한 후에는 근육 회복을 위해 얼음찜질도 할 겸 사우나 다음 날부터 피로 회복이 바로 되기 때문에 이때도 사우나에 가고 있습니다.

최근에는 사내 사우나 활동에 그치지 않고 다른 기업의 사우나부와 자매결연을 맺기 위해 'JAPAN SAUNA-BU ALLIANCE'를 만들었습니다. 발족한 지 약 6개월 만에 가맹기업 수가 40여 개나 됐는데 그 뜨거운 성원에 정말 놀랐습니다. 사우나부의 활동은 정기적으로 온천시설에서 가맹기업 구성원끼리

만나 친목을 도모하고 사우나 회의를 열며 상호 지원을 목적으로 한 의견 교환과 새로운 비즈니스로의 확장을 모색하는 것입니다. 또 기업의 주력제품을 PR한 뒤 조언을 얻거나 조직 간의 과제 해결을 위한 미팅도 실시하고 있습니다.

나아가 2020년부터 재야의 사우나 고수와 커뮤니케이션 도구가 될 수 있도록 '사우나 워커'라는 브랜드를 만들어 T셔츠나 굿즈 등을 판매합니다. '사우나를 통한 일본의 비즈니스 활성화'를 목적으로 앞으로도 일본 국내의 사우나를 뜨겁게 사랑할 예정입니다.

트위터 @Naotaro_1029 / 인스타그램 @sauna.bucho

사우나 명소

사우나를 고르는 기준은 그 시설의 콘셉트(같은 것)가 그 공간에 제대로 반영되어 있는가이다. 실내장식과 식사, 서비스에 이르기까지 사우나 운영자의 생각을 오롯이 느낄 수 있으며 남녀노소, 다양한 이용자가 '다시 오고 싶어지는' 시설이다.

1. 스카이스파 요코하마 (가나가와현 · 요코하마시)

https://www.skyspa.co.jp

'이런 사우나 시설에서 업무가 가능하다면 정말 최고겠다!'라는 영감에서 기획되고 설계된 공용 사무 공간 사우나로, 균형감 있는 시설과 편안한 분위기는 사우나를 처음 경험하는 사람에게도 어색함 없이 다가온다. 사우나에서 리셋된 후 아이디어 정리를 하거나 간단한 브레인스토밍을 할 수 있는 사무 공간이 마련되어 있다. 이곳의 사우나 식사로는 김치찌개가 일품이다.

2. 신주쿠 천연온천 테루마유 (도쿄도 · 신주쿠)

http://thermae-yu.jp

이곳은 다른 지역에서 접근하기도 좋고 폐장 시간까지 길게 머무를 수도 있다.

사우나와 냉수욕탕의 상태도 좋고 도심에서 하늘을 바라보며 외기욕까지 즐길 수 있다. 레스토랑의 메뉴도 정말 다양하고 20인 이상의 좌식 연회석도 가능하기 때문에 다른 이용자를 방해하지 않고서도 친목을 나눌 수 있어서 참가 인원이 많을 때는 정말 보물 같은 장소다.

3. 스파&캡슐 뉴윙 (도쿄도 · 긴시쵸)

http://spa.new-wing.com

누구나 천진난만했던 어린 시절로 돌아갈 수 있는 공간이다. 특히 야구 유니폼 스타일의 실내복은 동심을 되살려 신나게 한다. 남성 전용이며 게임기나 경마 중계, 만화 등도 구비되어 있으므로 혼자서도 가볍게 쉬다 오기에도 좋고 처음 만나는 사람끼리 금세 친해지기에도 좋다. 무엇보다 고객이 보다 즐겁게 보낼 수 있도록 냉수욕탕의 온도 설정과 사우나의 서비스, 샴푸통 디자인에 이르기까지 세세하게 신경 쓰는 점들이 좋다.

최강 효과를 내다,
의학적으로 올바른
사우나 이용법

01

'사우나 → 냉수욕탕 → 외기욕' 3~4세트가 기본

제2장에서는 사우나에서 최고의 효과를 내기 위한 '사우나를 하는 올바른 방법'을 의학적 지식을 바탕으로 설명하고자 한다.

'뜨거워지면 나가면 된다'라며 자신의 감각에 의존하거나 '사우나실의 텔레비전 화면이 광고로 바뀌면 나간다'라며 사우나실의 상황에 자신을 내맡기면 신체적으로 위험해질 뿐 아니라 제대로 되살아나지도 않기 때문에 사우나 효과도 기대하기 어렵다. 사우나의 효과를 끌어올릴 수 있는가 아닌가는 사우나실에 들어가는 방법에 달려 있다.

물론 사우나를 할 때 가장 중요한 것은 '자기 자신의 기분이 좋은 것'일 것이다. 자신도 모르게 느끼는 '기분 좋다'라는 감각이 중요한 이유는 사실 여기에 의학적 근거가 있기 때문이다.

'기분 좋은 것'을 추구하면 자율 신경이 활성화되기 때문에[14] 심신이 사우나의 극한 상태에 대응하기 쉬워진다. 다시 말해 괴롭지 않게 된다. 그러므로 기분 좋은 입실법을 찾으면 그게 거의 정답이라고 할 수 있으니 어렵지 않다. 지금부터 소개하는 사항들을 기본으로 해서 자신에게 가장 기분 좋은 방법을 찾아보기 바란다.

1세트 안에 다른 행동을 더하는 건 NG

우선은 대략적인 입실법에 대해 설명한다.

순서는 '사우나실 → 냉수욕탕 → 외기욕'이다. 각각의 시간은 나중에 설명하겠지만 이것이 기본 1세트고 이것을 3~4세트 실행한다. 1세트를 해도 '되살아나다'가 가능하긴 하지만 3~4세트 실행하는 것이 훨씬 더 효과적이다.

각 세트 사이는 욕탕에 들어가거나 몸을 씻는 등 자유롭게 짜도 된다. 그런 경우도 기본적인 입실법에는 변화가 없어야 한다.

따라서 한 세트 안에 다른 행동을 더하는 것은 NG다. 예컨

대 사우나실에 들어간 다음 외기욕을 하고 몸이 조금 식었다 싶으면 온탕에 들어가거나 냉수욕에 들어가는 것은 '되살아 나다'를 지향하는 관점에서 보면 좋지 않다는 뜻이다. 사우나 실도 냉수욕탕도 몸을 극한 상태에 놓아 '되살아날' 준비를 하는 것이기 때문에 중간중간에 불필요한 행동을 끼워 넣으면 몸의 극한 상태가 풀려 버려서 '되살아날' 준비가 불충분하게 된다.

그리고 '냉수욕탕 → 외기욕'은 될 수 있으면 민첩하게 행동하는 게 중요하다. 자세한 것은 '14 : 진정한 되살아나는 시간은 약 2분'에서 설명하겠지만 냉수욕탕에서 나온 순간부터 '되살아나는 시간'의 카운트다운이 시작되기 때문이다.

그렇다고 해서 서둘러 이동하다가 미끄러지면 위험하니 조심히 이동하자. 나는 사우나실에 들어가기 전에 안경을 낀 상태에서 '냉수욕탕 → 외기욕'까지의 동선을 다시 한 번 확인해 뒀다가 최단 루트로 간다.

가장 마지막 세트는 '사우나실 → 냉수욕탕(10초 정도) → 샤워'로 하는 것도 좋다.

가장 마지막 세트는 '되살아나다'를 목표로 하기보다 지금까지의 세트에서 되살아났던 기운이 부드럽게 연착륙할 수 있도록 유도하는 그런 이미지를 그리면 된다. 그러므로 외기욕을 해서 몸의 중심을 차갑게 하지 말고 찬물 샤워로 피부 표면만 수축시키자. 이렇게 하면 모공이 수축되기 때문에 겨울에는 언제나 뽀송뽀송 따뜻하고 여름에도 땀이 줄줄 흐르는 일이 없어진다.

안전상의 주의점으로는 **각 세트 짬짬이 몸 안으로 수분을 공급하는 것이다.** 사우나에 들어가면 총 500~1,000밀리리터의 수분을 잃어버리기 때문에 이에 필적할 양을 조금씩 자주 섭취하기를 바란다.

올바른 사우나 입실법

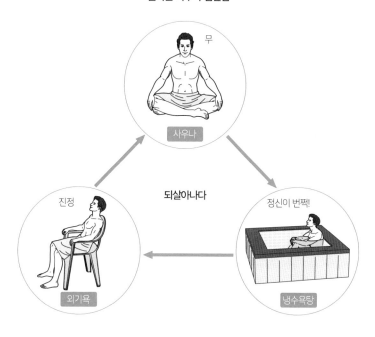

- '사우나 → 냉수욕탕 → 외기욕' 1세트
- 기본은 3~4세트
- 각 세트 사이에 몸을 씻거나 입욕을 하거나 자유롭게 프로그램 짜면 OK
- 한 세트 안에 행동을 추가하는 것은 NG
- 냉수욕탕 → 외기욕의 이동은 민첩하게
- 최종 세트는 '사우나실' → '냉수욕탕(10초 정도)' → '외기욕 말고 찬물 샤워'
- 세트와 세트 사이에 충분한 수분을 공급

02

80~90도의
핀란드식 사우나가 최고

사우나에는 핀란드식 사우나, 스팀 사우나, 원적외선 사우나 등 종류가 다양하다. 그렇다 보니 어떤 사우나가 좋은지 궁금한 사람도 있을 것이다. 여기서는 사우나의 종류와 특징에 관해 설명하겠다.

사우나는 크게 두 갈래로 나눌 수 있는데, 하나는 건식 사우나이고 다른 하나는 습식 사우나이다.

건식 사우나는 온도가 높고 습도가 낮다. 일본에는 건식 사우나가 많은데 개중에는 110도나 되는 초고온 사우나도 있다. 개인적으로는 피부와 눈이 건조해져서 건식 사우나를 그리 좋아하지 않는다. 습식 사우나는 건식 사우나에 비해 온도는 낮고 습도는 높다.

나는 습식 사우나의 한 종류인 '핀란드식 사우나'를 좋아한다. 특히 80도 정도 되는 비교적 고온에서 셀프 로일리까지 가능한 시설이라면 더 말할 것도 없다. 체력이 된다면 다소 힘든 운동을 하는 편이 큰 효과를 거둘 수 있다는 관점에서 볼 때 비교적 고온이면서도 습도가 낮지 않은 핀란드식 사우나가 단연 최고라고 생각한다.

건식 사우나로는 심부 온도가 올라가지 않는다

건식 사우나와 습식 사우나 중 어느 것이 더 심부 온도를 올리는지 비교한 연구가 있다. 건식 사우나 쪽이 심부 온도를 엄청나게 높일 것 같지만 기본적으로 38도를 넘지 않는다. 평소 체온이 36.8도일 때, 건식 사우나는 한 세트(사우나 온도 91도 15분)를 3회 반복하지 않으면 38도가 되지 않는다. 그러나 습식 사우나(사우나 온도 60도 15분)는 2회째 10분을 경과했을 때 38도에 도달한다.[15] 왜 '38도'가 중요한지는 나중에 자세히 설명하겠다.

그런데 아무리 연구 결과가 이렇더라도 건식 사우나를 좋아

건식 사우나	습식 사우나
(비교적 온도가 높고 습도가 낮다)	(비교적 온도가 낮고 습도가 높다)
원적외선 사우나(고온 사우나)　온도는 70~100도 정도가 많다. 습도가 낮기 때문에 피부나 눈이 쉽게 건조해진다. 하지만 의외로 심부 온도는 높아지지 않는다.	핀란드식 사우나　온도는 80~90도 정도다. 셀프 로일리를 할 수 있는 것도 많다.
	미스트 사우나(스팀 사우나)　온도는 50~60도 정도가 많다. 따뜻한 느낌이기 때문에 고온이 부담스러운 사람에게 적합하다.
	소금 사우나　소금을 피부에 바르며 즐기는 사우나이다. 50도 정도의 낮은 온도가 많다. 소금을 발라서 피부 표면의 삼투압이 높아지면 땀이 많이 나온다.
	스모크 사우나　사우나실에서 장작과 사우나 스톤으로 실내를 데우는 핀란드 전통 방식인데 연기가 사우나실 내부를 채우고 있는 것에서 이렇게 불리게 되었다. 일본에서 보기는 힘들다.
	※ 로일리가 가능한 사우나도 습식 사우나에 포함된다.

하는 사람도 당연히 있을 것이다. 그러므로 '상쾌한 기분을 위해서' 사우나를 즐긴다면 마음 가는 대로 고르면 된다.

건식 사우나 VS 습식 사우나에서의 심부 온도 변화

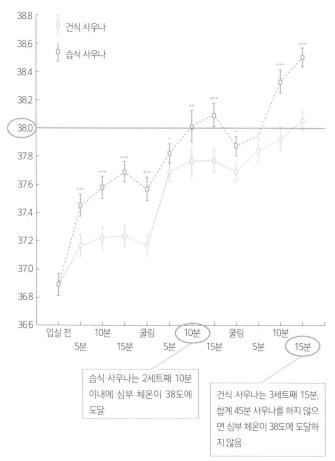

습식 사우나는 2세트째 10분 이내에 심부 체온이 38도에 도달

건식 사우나는 3세트째 15분, 합계 45분 사우나를 하지 않으면 심부 체온이 38도에 도달하지 않음

출처 : Comparison of physiological reactions and physiological strain in healthy men under heat stress in dry and steam heat saunas, Biology and Sports, 2014

03

사우나실의 온도는
위치에 따라 다르다

사우나를 처음 경험해 보는 사람이라면 '어디에 앉아야 하나?', '몇 분 정도 있다가 나와야 하지?', '혹시 조심해야 할 점들이 있을까?' 등 잘 모르겠는 것 투성이일 것이다.

또한 사우나 마니아일지라도 사우나실에서의 '피로를 풀고 기분도 상쾌하게 하는' 효과를 최대한 낼 수 있는 위치를 모른다거나 '땀이 줄줄 나오면 사우나실에서 나온다'처럼 잘못 알고 있는 부분도 있기 때문에 하나씩 자세히 설명할 테니 꼼꼼히 읽어 주길 바란다.

제일 먼저 사우나실에 들어가기 전에 해야 할 '예절'부터 설명한다.

나는 머리를 감고 비누로 몸을 씻은 뒤에 사우나실에 들어간다. 이것을 사우나인들은 '몸을 청결히 한다'고 표현한다. 몸을 먼저 씻어 청결히 하는 것은 사우나실이나 그 안의 앉는 자리를 더럽히지 않기 위한 기본 매너다.

그런 다음 나는 겨울에는 뜨뜻한 물에 몸을 담그면 긴장이 풀리면서 기분이 좋아지므로 입욕을 2분 정도 하고 사우나실에 들어간다. 여름에는 뜨거워서 찬물 샤워로 몸을 식히고 들어간다. 이처럼 계절에 맞춰 예절을 지키면 사우나실에 들어갔을 때 '아, 기분 좋다'는 느낌을 받을 수 있다. 그리고 이것은 자율 신경을 활성화해서 컨디션을 끌어올린다.

될 수 있으면 히터에서 먼 위치에 앉는다

가장 고민이 되는 것은 아마도 어디에 앉아야 하는지일 것이다. 그도 그럴 것이 사우나실은 위치에 따라 온도 차이가 크다. 열은 높은 곳으로 모이므로 사우나실 위쪽일수록 고온이다. 사우나실 내부가 커다란 계단처럼 된 경우라면 계단 하나마다 약 10도 정도 차이가 난다. 히터를 정면으로 바라보는 곳도 당연히 온도가 높다. 따라서 앉는 자리 정면에 히터가 있으면서 계단의 최상단이 가장 뜨거운 자리이다. 또한 이 자리는 히터를 바라보는 쪽은 매우 뜨거워지지만 그렇지 않은 쪽은 별로 뜨겁지 않기 때문에 결과적으로 한쪽만 열을 쬐는 꼴이 된다. 게다가 눈도 건조해져서 뻑뻑해지므로 히터 쪽 자리는 별로 권하고 싶지 않다.

로일리(사우나 스톤에 물을 끼얹어 수증기를 일으키는 것)가 가능한 사우나의 경우 로일리를 하면 수증기가 위로 향하다 양옆 방향으로 퍼지기 때문에 스토브를 중심으로 양옆의 상단 자리가 가장 뜨거운 자리가 된다.

환기팬의 위치에 따라서도 온도가 달라지는데, 다음 그림 자료에서 원적외선 히터를 설치한 사우나실(건식)과 로일리를 할 수 있는 사우나실(습식)에서의 온도 상황을 참고하길 바란다.

건식 사우나의 위치별 온도 상황

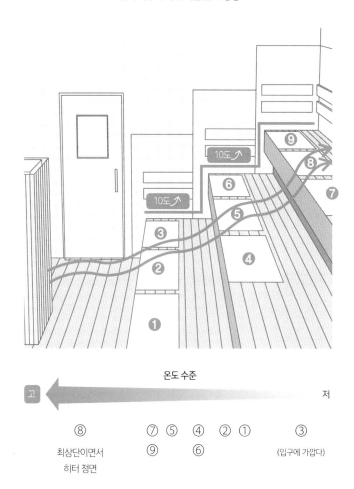

온도 수준

고 ← 저

⑧
최상단이면서
히터 정면

⑦ ⑤   ④   ② ①   ③
⑨   ⑥   (입구에 가깝다)

습식 사우나의 위치별 온도 상황

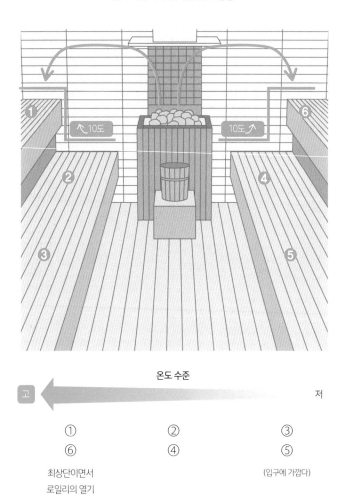

사우나실에서는
발을 높이 들어 올리는 게 좋다

사우나실 안에서는 어떤 자세가 좋을까.

사우나실은 대개 계단형이 많으므로 적당한 자리에 앉고선 다리는 그 아래 단에 둘 것이다. 이런 자세로 앉는 사람이 많지 않을까 싶은데 솔직히 가장 좋은 자세는 아니다. 사우나의 효과를 쉽고 제대로 올리는 보다 좋은 앉는 방법을 소개한다.

평소처럼 앉으면 따뜻해지지 않는 빈틈이 생긴다

이미 말했듯이 사우나실은 천장에 가까운 높은 자리일수록 고온이다.

그렇기 때문에 의자에 앉은 자세를 하면 머리 쪽 온도는 높은데 발 쪽은 비교적 낮다. '몸속이 뜨겁다'고 느끼더라도 의외로 발은 따뜻하지 않은 일이 벌어지는 것이다. 발이 확실하고도 제대로 따뜻하지 않으면 그 후 냉수욕탕에 들어갈 때 괴롭게 느낄 뿐 아니라 되살아나는 기분을 느끼지 못하게 된다.

따라서 사우나실에서는 될 수 있으면 몸의 높낮이 차이를 없애는 자세가 정답이다. 소홀한 부분 없이 반드시 온몸을 따뜻하게 해줘야 하지 않겠는가.

가장 좋은 자세는 눕는 것이지만 그렇게 하면 다른 사람에게 피해를 줄 것이고 자칫 잠이라도 들면 위험하다. 자세의 높낮이를 없애기 위해 발을 들어 올리는 방법도 있는데 체력을 많이 쓰고 다른 사람 눈에 보기 좋지도 않기 때문에 현실적이지 않다. 그러므로 나는 장소가 마땅하면 '책상다리'나 '양무릎을 세워 앉은 자세'를 권한다.

여담이긴 한데 사우나의 본고장 핀란드에서는 기분이 너무 좋은 나머지 사우나에서 잠들었다가 사망하는 사고가 종종 있다고 한다. 이에 비해 일본은 너무 참다가 탈진해 쓰러지는 경우가 많다. 국민성의 차이를 느끼게 하는 일화인데 어쨌든 무리는 금물이다.

05

'로일리'는 조금씩,
주변을 살피면서

'로일리'는 핀란드어로 '증기'를 말한다. 사우나 스토브에서 달 귀진 돌에 물을 끼얹어 수증기를 발생시키고 습도를 높여 체감 온도를 올리는 것을 목적으로 한다. 기계로 자동으로 이루어지는 자동 로일리도 있는데 최근의 사우나 붐 덕분에 사사즈카에 있는 마루신 스파나 긴시초의 뉴웡, 오비히로의 홋카이도 호텔 등 직접 로일리를 할 수 있는 (셀프 로일리) 시설이 늘고 있다.

하지만 본인이 직접 로일리를 한다면 몇 가지 주의점이 있다.

• 로일리가 가능한 시설인지 확인한다.

- 로일리 하기 전 "로일리를 해도 될까요?"라고 주변에 먼저 물어본다.
- 천천히, 조금씩 물을 끼얹는다.

애초부터 셀프 로일리가 가능한 시설인지를 꼭 확인하자. 사우나 스토브에 사우나 스톤이 놓여 있다 해서 셀프 로일리가 가능하다고 단정할 수 없으므로 반드시 주의가 필요하다. 셀프 로일리가 가능한 경우는 사우나 스토브 근처에 로일리 세트(양동이와 사우나 국자)가 놓여 있으며, 사우나실 내부에 사용 설명서가 당연히 붙어 있다.

아로마의 경우는 본인에게 알레르기가 없는지도 주의

셀프 로일리를 할 때는 주변 사람의 의사를 묻는 것도 중요하다. 일본인의 경우 특성상 뜨겁게 느끼더라도 '괜찮아요'라고 말하는 경우가 있으므로 주변 사람이 열기에 괴로워하지는 않는지 확실히 확인하며 하자. 또 최근에는 로일리 하는 물에 아로마를 첨가하는 경우도 있다. 아로마 덕분에 기분이 더욱 좋아져서 사우나 효과까지 끌어올려 주기도 하지만 알레르기가 있을 수 있으므로 사전에 확인이 필요하다.

로일리에 물을 끼얹었을 때는 천천히, 조금씩 하는 게 기본이다. 사우나실의 넓이와 스토브의 크기 등에 따라 다르지만 대개 1~2번 정도만 해도 매우 뜨거워진다. 또 증기가 피어오르면서 국자를 쥐고 있는 손까지 뜨거워지므로 조금씩 살살 구석구석 물을 끼얹도록 하자.

06

위험한 열파에 요주의

사우나실 안에서 수건을 이용해 수증기 바람을 보내는 행위를 로일리라고 생각하고 있는 사람도 있을 텐데 정확하게 말하면 이것은 로일리가 아니라 '아우프구스(열파)'라고 하는 독일의 사우나 방식이다. 독일 현지에는 독일사우나협회에 의한 인정 제도가 있을 정도로 아우프구스는 지식과 경험이 필요한 행위다. 일본인 중에 이 인증을 취득한 열파사(아우프구스를 실시하는 사람)가 있지만 의무가 아니기 때문에 위험한 아우프구스가 행해지는 경우도 있다. 그중 가장 흔한 경우가 단지 계속 뜨겁기만 하면 좋다는 생각에서 사우나 스토브에 한꺼번에 다량의 물을

---

* 아우프구스 : 달궈진 돌에 물을 끼얹어 뜨거운 수증기를 일으키고 수건 등으로 부채질해 적당한 온풍을 일으켜 단숨에 땀이 나도록 하는 독일에서 일반적인 사우나의 일종_역주

끼얹는 행위다. 이렇게 되면 화상을 입을 정도로 증기가 뜨거워질 뿐만 아니라 강한 바람으로 그 열기를 보내는 경우도 있기 때문에 매우 위험하다. 정말 화가 나게도, 낙엽을 날리는 블로어(송풍기)로 열파를 일으키는 난폭한 장소도 있으므로 주의하자.

열파에는 몇 가지 스타일이 있는데 크게 세 가지로 나눌 수 있다. 첫 번째는 엔터테인먼트형이다. 열파 퍼포먼스와 사우나 고객과의 교감을 통해 일체감을 중시하는 스타일이다. 두 번째는 릴랙스형으로 조용하고 천천히 기분 좋은 바람을 보내는 스타일이다. 세 번째는 두 가지의 혼합형이다.

어느 것이 좋고 어느 것이 나쁘다고 말할 수 없다. 자신의 취향과 그때의 몸 상태에 따라 고르면 된다.

사우나실에 미리 들어가서 열파 시간을 기다리는 것은 위험

아우프구스는 인기가 높기 때문에 열파 시간 전부터 사우나실에 들어가서 미리 자리를 차지하고 있는 사람이 있다. 하지만 이러면 너무 오랫동안 사우나실에 머물게 되어서 매우 위험하므로 절대 해서는 안 된다. 사우나 시설 측이 차례를 기다리는 대기 장소를 만드는 등 어떤 조치가 필요하다고 생각한다. 또한 아우프구스가 시작됐는데 앞서 말한 그런 위험한 열파사를 만났다거나 자신의 몸 상태와 맞지 않다거나 할 때는 참고 있지 말고 즉시 사우나실을 나가자. "고맙습니다. 기분 좋았습니다."라고 한마디하고 나가면 분위기도 어색하지 않을 것이다.

07

사우나실을 나오는 시간은 심박수를 기준으로 삼는 게 베스트

'나는 언제나 10분 정도 있다가 나온다'며 사우나실을 나가는 타이밍을 시간으로 정하고 있는 사람이 있을 것이다. 그러나 그날의 컨디션이나 사우나 시설에 따라 몸이 데워지는 게 다르기 때문에 시간을 기준으로 하면 결과적으로 온몸이 고르게 데워지지 않고 만다. 그렇기 때문에 체내의 자율 신경 상태를 좀 더 객관적으로 파악할 수 있는 맥박을 기준으로 판단하는 것이 가장 안전하면서 효과적이다.

나는 맥박이 평상시의 2배가 되면 사우나실을 나간다. 평상시라는 것은 편안하게 릴랙스하고 있을 때를 말하는데 2~3분 편안하게 앉은 자세를 유지한 후 올바르게 고쳐 앉고서 팔과 심장이 같은 높이에 오도록 한 다음 맥박을 재면 된다.

내 평상시의 맥박수는 50~60회 정도이므로 120회/분이 되면 사우나실을 나가는 것이다. 그런데 사람에 따라 맥박수가 다르기 때문에 평상시의 맥박수 100회 정도인 사람도 있다. 이것을 2배 하면 200회/분이 되고 이는 심장에 너무 부담이 크기 때문에 이런 사람은 가볍게 조깅했을 때의 맥박을 기준으로 해도 상관없다. 사우나실에 들어가는 것은 가벼운 운동과 같은 정도의 부하를 심혈관계에 주는 것이다.[16] 이 말을 다시 설명하면 **가벼운 운동과 같은 정도의 부하에서 멈추는 게 좋다는 의미이다.**

맥박을 재는 게 익숙지 않으면 손목에 몇십 초 동안이나 손가락을 대고 세는 게 번거롭다고 생각할 것이다. 이런 사람은 머릿속으로 노래를 부르면 좋겠다. 예를 들면 '도라에몽' 노래('하고 싶은 일 모두 할 수 있음 좋겠네'라고 부르는 옛날 버전)는 어떨까. 그 노래의 속도가 실제로 1분에 100회다. 참고로 예비의사가 심폐소생술을 배울 때 1분에 100회가 어느 정도인지 어림잡는 용도로 이 노래를 부르곤 한다.

평상시의 맥박수가 50회/분인 사람이라면 자신의 맥을 짚으면서 '도라에몽' 노래를 불러 보고 노래와 같은 속도가 되면 2배, 즉 100회/분이 되었음을 알아채면 된다. 이것보다 맥박이 늦으면 아직 도달하지 않은 것이다.

참고로 이 밖에도 여름이라면 가수 유즈의 '여름색'(120회/분), TUBE의 '시즌 인더선'(124회/분), 폭풍슬럼프의 '러너'(127회/분)도 좋다. 겨울이라면 야마시타 다츠로의 '크리스마스이브'(117회/분), TRF의 '추운 밤이라면'(125회/분) 등도 있다. 자신의 평상시 맥박과 계절에 맞춰 마음에 드는 노래를 기준으로 삼으면 보다 즐겁게 사우나실에 들어갈 수 있으리라 생각한다.

---

* 노래를 기억하는 속도가 있을 것이고 그 노래 속도에 맥박이 동일해지면 원하는 맥박수가 되었으니 그때 사우나실을 나가라는 의미이다. 물론 사람에 따라 노래 박자를 빠르게 부른다거나 느리게 부른다거나 할 수도 있겠지만 이에 대한 언급은 없다. _역주

08

몸의 감각을 기준으로 한다면
등판 한가운데가 따뜻해졌을 때

손이나 얼굴이 뜨거워지기 시작하면 '전신이 따뜻해졌다'고 생각하기 쉬운데 사실은 오해다. 인간이 감각을 얻기 위해서 갖고 있는 감지기는 손과 얼굴에 많아 가장 민감하다. 뇌에 있는 감각 영역도 손과 얼굴에 해당하는 부분이 보다 넓은 영역을 차지하고 있다.

그렇기 때문에 특히 원적외선 히터가 있는 사우나의 경우 히터를 바라보며 앉았을 때 열이 닿는 신체 전면에 있는 손과 얼굴이 가장 뜨겁게 느껴진다. 하지만 실제로 그 이외의 부분은 아직 뜨거워지지 않았다.

전신이 따뜻해졌는지 어떤지를 대략적으로 체크하려면 **손과**

얼굴이 아니라 등판 한가운데에 의식을 집중해 주길 바란다. 이곳이 심부 체온을 느낄 수 있는 위치이기 때문이다.

이해하기 쉽게 말하면 등판 한가운데란 '감기에 걸렸을 때 오한이 나는 곳'이다. 감기로 오한이 나면 등쪽을 중심으로 부르르 떨리는데 이는 뇌가 설정하고 있는 온도 세팅 포인트(인체 건강을 지키기 위해서 설정된 온도)가 관여하기 때문이다.

감기에 걸리면 뇌가 세팅 포인트를 올린다. 평소에는 36~37도 정도였던 체온이 독감 바이러스를 퇴치하기 위해 38~39도 정도로 바뀌는 것이다. 그런 뒤 뇌는 지금 현재의 체온이 세팅 포인트에 도달해 있는지 어떤지 측정하기 위해 감지기를 가동한다. 그 감지기가 등판 한가운데 부근에 있다. 어쨌든 그래서 감지기를 가동했는데 그때의 체온이 세팅 포인트에 도달해 있지 않으면 부르르 하고 오한을 일으킨다.

따라서 사우나실에서 만일 '얼굴이 너무 뜨거워서 참을 수가 없다'면 젖은 수건으로 얼굴을 덮어 보길 바란다. 수건은 냉수에 적셔도 되고 온수에 적셔도 된다. 수건 한 장 덮었는데 이렇게 차이가 나나 할 만큼 느껴지는 온도가 크게 변할 것이다. 또 하나의 비결로 등이 히터 쪽으로 향하게 앉는 것도 한 방법이다. 그러면 등판이 확실히 따뜻해질 것이다.

땀의 양에 속아서는 안 된다

사우나실에서 나오는 타이밍을 찾는 방법으로 맥박수 말고 신경 써야 할 게 하나 더 있다. 바로 땀의 양으로 판단하지 말라는 점이다.

땀이 흥건히 나오면 '몸이 뜨거워졌구나! 이제 슬슬 나가 볼까' 하는 생각이 누구에게나 들 게 마련이다. 하지만 <u>그것은 땀이 아니라 결로일 가능성이 있다.</u>

차가운 음료를 담은 유리컵을 상온에 두면 컵 표면에 마치 땀처럼 물방울이 생기는 걸 볼 수 있다. 컵 안에 든 차가운 음료 때문에 컵 주변의 공기가 차가워지면 공기가 품을 수 있는 수증기량이 줄기 때문에 액화한다. 그 결과 공기 중에 포함되어 있던 물이 물방울이 되어 컵에 들러붙는 것이다. 이와 같은 원리가 사우나실에 들어가 있는 사람에게도 일어난다.

사우나실, 특히 습도가 높은 핀란드식 사우나의 경우 사우나실 온도에 비해 인체 온도가 매우 낮기 때문에 사람의 피부 표면에 결로가 생긴다.

사우나실 이용 방법

[들어가기 전]

- 몸을 깨끗이 닦는다(사우나실에 들어가기 전 몸과 머리카락을 깨끗하게 씻어 낸다).
- 겨울 → 21분 입욕
- 여름 → 찬물 샤워를 해서 몸을 식힌다.

> 사우나실에 들어갔을 때
> '기분 좋다'고 느껴질 정도로

[들어가서 요령]

- 될 수 있으면 히터에서 먼 곳에 앉는다.
- 윗자리일수록 뜨거우므로 초보자는 아랫자리에 앉는다.
- 책상다리 자세 또는 양무릎을 세워 앉은 자세를 한다(주변에 충분한 공간이 있는 경우).
- 로일리를 할 때는 먼저 주변 사람의 의향을 묻고, 물은 조금씩 붓는다.

[나오는 기준]

- 맥박이 평상시의 2배가 되면(가벼운 걷기운동을 한 정도)
- 등판 한가운데가 따뜻해지면
- 땀의 양으로 판단해서는 안 된다.

그러므로 얼굴에서 땀이 줄줄 흘러내리더라도 여기에는 결로가 포함되어 있기 때문에 속아서는 안 된다. 이것이 땀의 양(땀이라고 여겨지는 양)을 기준으로 삼아서는 안 되는 이유다.

그렇다고 무리는 하지 말자. 컨디션이 나빠졌다고 느껴지면 지체하지 말고 사우나실에서 나오도록 하자.

09

숨을 크게 들이마셨다가
내뱉으면서
냉수욕탕에 들어간다

사우나실에서 나오면 샤워를 해서 땀을 씻어내고 냉수욕탕에 들어간다. 가끔 보면 사우나 마니아 중에는 냉수욕탕에 들어가기 전에 뜨거운 물 샤워로 땀을 닦아 내어 결과적으로 냉수욕탕과의 큰 온도 차이를 즐기는 사람도 있는 것 같은데 이러면 열쇼크(급격한 온도 변화 때문에 혈압이 크게 변동하는 것으로 실신이나 심근경색, 뇌경색 등을 일으킴)가 일어날 위험이 있기 때문에 하지 않는 게 좋겠다. 물론 심혈관계 질환이 없는 젊고 활기 넘치는 사람이라면 큰 문제가 되지 않겠으나 **기본적으로는 '미지근한 물로 샤워'를 해서 몸이 온도 변화에 적응하도록 한 뒤에**

냉수욕탕에 들어가는 것이 좋다.

냉수욕탕은 평소 사우나를 자주 이용하는 사람이라도 '심장이 크게 요동쳐서 별로 좋아하지 않아'라거나 '어쨌든 차가워서 싫어'라고 한다. 하지만 심신의 재충전 효과를 올리기 위해서 냉수욕탕은 필수다. 참고로 냉수욕탕이 싫어서 찬물 샤워로 대체하는 것도 그리 권할 게 못 된다. 찬물 샤워의 물은 수돗물이기 때문에 계절이나 지역에 따라 온도가 크게 다르고 대부분의 경우 온도가 너무 높다.* 또 물이 닿은 부분만 식기 때문에 신체 반응이 일정치 않게 된다. 그러므로 냉수욕탕이 싫더라도 이 과정을 빼놓으면 안 된다.

여기서 잠깐 냉수욕탕을 싫어하는 사람을 위해 보다 쉽고 즐겁게 들어갈 수 있는 비결을 소개하겠다. 그것은 바로 크게 숨을 들이마셨다가 내뱉으면서 냉수욕탕에 들어가는 것이다.

호흡 방법이 정말 영향이 있을까? 마음의 준비를 하고 숨을 참고 들어가는 경우와 숨을 내뱉으면서 들어가는 경우의 차

---

* 냉수욕탕의 물 온도는 16~17도 정도로 설정한 뒤 '칠러'라는 도구를 이용해 온도를 유지한다. 냉수욕탕 온도가 일반적인 수돗물 온도보다 낮기 때문에 수돗물의 '온도가 너무 높다'라고 한 것이다._역주

이를 의학적으로 검증해 본다.

심장에 부하를 주지 않는 것이 냉수욕탕 공략의 열쇠

맨 먼저 숨을 참고 들어가는 경우부터 설명한다.

숨을 참으려면 이전에 벌써 숨을 크게 들이마시고 있어야 한다. 이때 횡격막이 내려가는데, 그러면 복부에 있던 다량의 혈액이 내려온 횡격막에 의해 묵직하게 눌리며 밀려난다. 묶어놓은 고무 튜브 한가운데를 꾸욱 누르면 양쪽으로 공기가 불룩하게 밀리는 것을 연상하면 된다. 이 반동으로 혈액이 심장으로 되돌아오고 심박수가 오른다. 즉, 심장에 걸리는 부하가 커진다.

이런 상황인데도 냉수욕탕 안에서 여전히 숨을 멈추고 춥다며 몸까지 웅크리고 있으면 횡격막이 내려간 그대로이기 때문에 심장에 부하가 걸린 상태가 지속된다. 그래서 심장이 심하게 요동치는 것이다.

이와 달리 숨을 내뱉으면서 들어가는 경우를 살펴본다.

숨을 내뱉으면 횡격막이 올라간다. 그러면 횡격막에 의해 눌렸던 복부의 혈액량이 감소하기 때문에 심장으로 돌아오는 혈액도 줄어든다. 그 결과 심장으로의 부하가 적어져 심장의 두 근거림도 줄일 수 있다. 이렇게 하면 물이 차다는 감각도 조금은 엷어진다.

또 냉수욕탕에 들어가서 잠시 동안 몸을 가만히 두면 솔직히 말해 차가움을 덜 느끼게 해 주는 일종의 막이 생긴다. 사우나를 하는 사람들은 이게 무슨 말인지 바로 알 텐데, 일명 '날개옷'이라는 것이다. 자신의 피부 표면을 얇은 막 같은 게 부드럽게 감싸고 있는 것을 떠올리면 된다.

날개옷이 온몸에 둘러지면 '차가워서 싫어'라고 했던 냉수욕탕을 '시원한 게 기분 참 좋다'라고 여기게 된다. 날개옷이 만들어지는 데는 대략 30초~1분이 걸리기 때문에 숨을 천천히 내뱉으면서 몸을 담그고 잠시 기다려 보자.

'아, 기분 좋다~'라고 말하면서 들어가는 의학적 장점

사우나를 즐기는 사람 중에는 냉수욕탕에 들어갈 때 '기분 좋다~'라고 말하면서 들어가는 사람도 있다. 그렇게 하면 주변에 있는 사람들도 방긋 미소 지어 준다는 부차적 효과도 있지만 의학적으로도 장점이 있다.

첫 번째 장점은 앞서 말한 것과 같이 말을 하면서 냉수욕탕에 들어가면 숨을 내뱉으면서 들어갈 수밖에 없고, 심장의 부담이 적어진다.

또 다른 장점은 정신적 효과다. '기분 좋다'라는 긍정적인 감정이 심혈관계의 반응을 촉진한다는 사실이 보고되었다.[17]

이 말의 뜻은 이렇다. 앞서 사우나실에 들어가는 것만으로도 심박수가 높아졌는데 여기에 냉수욕탕까지 들어가면 심장에 부담이 더욱 커진다. 하지만 긍정적인 감정을 가지면 심장과 혈관의 반응이 빨라지므로 온도 변화에 즉각 대처할 수 있어서 인체 부담이 줄어든다는 것이다.

긍정적인 감정은 면역력을 높여 준다. 그러므로 '기분 좋다~'라고 말하면서 들어가는 것은 심장의 부담을 낮춰 주는 동시에 면역력도 높일 수 있는 사우나에 제격인 방법이다.

거짓말 같겠지만 사실이고 팩트다. 그러니 부끄러워 말고 해 보자.

10

냉수욕탕의 온도는 16~17도 언저리가 최적인 이유

시설에 따라 냉수욕탕의 온도가 약간씩 다르지만 최적 온도는 16~17도 정도이다.

인체에는 TRP 수용체라는 온도 감지기가 있어 생명을 위협할 정도의 온도가 되면 고통을 느끼게 해서 위험을 알린다. 고온이란 단백질의 변성이 시작되는 42~43도 부근이며, 이 온도를 넘어가면 통증으로 변한다. 그리고 저온은 16~17도 정도이고 역시 이 아래가 되면 통증으로 변한다. 즉, '쾌적한 범위 = 고통을 느끼지 않는다'라는 한계치 온도가 16~17도 부근인 것이다.

'되살아났다'를 느끼기 위해서는 뜨거운 사우나 → 차가운 냉수욕탕이라는 온도 변화 폭이 큰 과정을 거치는 게 중요하다. 그래야 맨 마지막에 하는 외기욕에서 기분 좋은 편안함을 느끼고 되살아날 수 있기 때문이다. 그러므로 인체가 고통을 느끼지 않는 마지노선 온도인 16~17도가 가장 좋다.

만일 수온이 이것보다 낮은 경우는 냉수욕탕에 있는 시간을 짧게 하거나 아니면 몸에 미리 물을 살살 끼얹어 몸이 물 온도에 익숙하게 한 뒤에 들어가자. **온도가 너무 낮은 냉수욕탕에 들어가면 도파민이라고 하는 쾌락 물질이 나와서 결국은 사우나 의존증이 될 수 있기 때문에 별로 권하지 않는다.** 사우나 의존증은 마라톤 선수가 달리기를 하지 않으면 오히려 안달이 나는 것과 비슷하다. 사우나 시설 입장에서는 의존증이 있는 고객이 많으면 돈을 버는 데 도움이 되어 좋겠지만 이용하는 입장에서는 아무래도 주의하는 게 좋다.

반대로 수온이 이보다 높은 경우는 약간의 방법이 있다. 바로 차가운 탄산수를 마시는 것이다. 탄산수를 마시면 구강 안쪽에서 냉수욕탕에 있을 때 반응하는 감지기와 동일한 감지기가 반응한다고 한다. [18] 입안의 온도 감지기를 자극해 실제 온도보다 '차갑다'고 착각하게 만들 수 있다는 것이다.

또 탄산의 톡톡 쏘는 느낌이 교감 신경을 활성화하거나 입과

떨어진 발끝의 피부 온도를 낮추기도 한다는 보고도 있다.[19]

다시 말해 설령 미지근한 냉수욕탕일지라도 탄산수를 마시면 몸이 실제보다 차게 인식해서 진짜 제대로 된 냉수욕탕에 들어갔을 때처럼 교감 신경을 충분히 활성화하고 발끝까지 적절하게 식힐 수 있다는 것이다. 또한 순수하게 수분 공급이라는 면에서도 장점이다.

참고로 탄산수는 향이 가미된 것도 좋다. 감귤계 향은 교감 신경을 활성화하기 때문에 더 효과적이다. 단, 앞에서 언급한 것처럼 당분이 들어간 것은 마시지 않는 편이 좋다.

11

냉수욕탕에서는
살짝 누워서 떠 있는 게 이상적

냉수욕탕에서는 어깨까지 푹 담그는 게 중요하다. 머리끝 정수리까지 담그는 게 허용된 시설이라면 약간 누워서 머리까지 담근 뒤 발을 살짝 들어 물속에 떠 있어 보자. 긴시초에 있는 뉴윙이나 아쿠아 히가시나가노에는 풀장이 있기 때문에 전신을 담그는 게 가능하다.

왜 물속에서 살짝 떠 있는 게 좋은가 하면 냉수욕탕에서는 하체 쪽 온도가 더 낮아지는데다가 수압도 영향을 미쳐 그 안에서 무릎을 세우고 쪼그려 앉으면 발만 더 빨리 차가워지기 때문이다. 그러므로 인체의 높낮이 차이를 되도록 없애기 위해 몸이 지면과 수평이 되게 한 다음 살짝 떠 있는 게 최고다. 그러면서도 힘이 빠지는 느낌은 들지 않을 것이다.

최악인 것은 발만 담그는 것이다. 냉수욕탕에서 전신을 담그는 게 두려워서 하반신만 담그면 발만 국소적으로 차가워진다. 이 행동은 이른바 '냉한 체질 제조기'와 같은 것이라 밤 수면에도 악영향을 준다.

하지만 아무리 그렇다 해도 전신을 담그는 게 정말로 안 되는 사람은 다음과 같은 방법을 시험해 보길 바란다.

손바닥을 마주하고 합장하듯 한 뒤 그 손을 물 밖으로 꺼내 놓는다. 손과 발은 몸에서도 차가움을 민감하게 느끼는 부위인데 실제 온도보다 2도 정도 낮게 느낄 때가 있다. 그래서 17도의 냉수욕탕에서도 15도 정도로 느끼기 때문에 손을 물 밖으로 내놓으면 반대로 체감 온도를 2도 정도 올릴 수 있다. 물론 발을 내놓아도 이와 같은 효과는 얻을 수 있다. 내놓는 게 가능하다면 말이다.

물이 흔들리면 날개옷이 사라진다

냉수욕탕에 들어가 있을 때 물의 흐름이 좀 강한 곳은 피하는 게 좋다. 냉수욕탕 중에는 물결이 일어나도록 기기를 설치한 곳이 많은데 이렇게 물의 흐름이 있으면 날개옷이 사라지고 만다. 다른 사람이 냉수욕탕에 첨벙첨벙 들어올 때도 마찬가지니 주의하자.

날개옷이 사라지면 차가운 물의 온도가 곧바로 전달되기 때문에 갑작스럽고도 빠르게 차갑다고 느낀다. 될 수 있으면 물의 흐름이 잔잔한 장소에서 여유롭게 있자.

12

냉수욕탕을 나오는 기준은
기도가 시원해지면

날개옷을 입으면 맥박수와 강도가 평상시로 돌아온다. **맥박이 평상시로 돌아오면 곧 냉수욕탕을 나오자.** 시간으로 따져 본다면 1분 정도다.

'호흡을 했을 때 기도가 뻥 뚫린 것처럼 시원하다'는 것도 냉수욕탕에서 나오는 기준으로 삼을 수 있다. **냉수욕탕에 들어가서 차게 식은 혈액이 전신을 한 바퀴 순환하는 데 대체로 1분이 걸린다.** 이렇게 차가워진 혈액이 한 바퀴 돌아서 기도로 돌아오면 기도 표면과 폐의 심부에서 나오는 공기 간에 온도 차이가 생겨서 시원하게 느껴지는 것이다.

가끔 보면 오랫동안 들어가 있는 사람도 있는데 진력나게 오

냉수욕탕을 제대로 이용하는 방법

[들어가는 법]

- 크게 숨을 들이마시고 내뱉으면서 들어간다.
- '기분 좋다~'라고 소리 내면서 들어가면 심장의 부담도 줄고 면역력도 좋아진다.
- 차가운 것을 싫어하는 사람은 양손을 물 밖으로 내놓는다.
- 냉수욕탕의 온도는 16~17도가 최적이다.

    이보다 낮은 경우 → 들어가 있는 시간을 짧게 한다.

    들어가기 전에 물을 끼얹어서 몸이 익숙해지게 한다.

    이보다 높은 경우 → 탄산수를 마신다.
- 자세는 살짝 누워 부유하는 게 최고로 좋다.
- 물의 흐름이 잔잔한 곳을 선택한다.

[나오는 기준]

- 맥박이 평상시로 돌아오면
- 기도가 시원하게 느껴지면

래 있는 것은 위험하다. 심부 체온이 너무 차가워질 뿐 아니라 냉수욕탕에서 나올 때 어지러움을 느껴 넘어질 위험이 있기 때문이다. 한편 머리가 어쩔해지는 것을 '되살아났다'라고 착각하는 사람까지 있는데 전혀 그렇지 않다. 냉수욕탕에 들어가서 잠시 있으면 심장이 에너지 절약 모드로 들어가는데 그때 일어서면 뇌로 가는 혈액이 일시적으로 부족해지고 그래서 어쩔해지는 것뿐이다. 냉수욕탕에서 나올 땐 손잡이를 붙잡고 천천히 일어나자.

13

외기욕은 '기분 좋음'을
최우선으로 하고
될 수 있으면 눕는다

드디어 지금부터가 사우나의 진수, 바로 외기욕이다.

　냉수욕탕에서 나오면 재빠르게 몸의 물기를 닦고 외기욕을 하러 가자. 몸을 닦는 것은 기화열 때문에 몸이 차가워지지 않도록 하기 위함이다. 마른 수건으로 닦는 게 물기를 깔끔히 닦을 수 있지만 젖은 수건이라도 상관없다. '촉촉한 수건으로 닦는 게 습도가 유지되어 좋다'고 말하는 사람도 있으니 자신이 좋아하는 대로 하면 된다.

　이 대목에서 혹시 '냉수욕탕에서 몸이 차가워졌는데 겨울에 외기욕까지 하라고? 추워서 얼어 죽는 거 아냐?'라고 생각할지 모르겠는데 전혀 괴롭지 않다. 왜냐하면 이때의 **몸은 마치 보온병처럼 열을 가두고 있기 때문**이다.

사실 이 시점의 심부 체온은 사우나에 들어가기 전보다도 훨씬 올라 있다. 1세트 때 사우나에 들어가는 것으로 0.8도 올랐다가 냉수욕탕에 들어가면 0.2도 내려가긴 하지만 결과적으로 0.6도 올라간 상태다. 게다가 냉수욕탕에 들어갔기 때문에 피부 표면의 모공과 혈관은 수축되어 열이 빠져나오기 어려운 상황이 되어 있다. 그래서 몸이 마치 뜨거운 물이 담긴 보온병처럼 되는 것이다. 이때는 온몸이 따끈따끈해서 정말로 기분이 좋다.

누우면 다른 차원의 '되살아남'이!

자세는 외기욕 의자에 앉거나 장소가 마땅하다면 눕는 것을 권한다. 누우면 앞서 말했듯이 DPG가 확대되기 때문이다. 혈류가 발끝 신체 말단까지 쉽게 흘러서 심부의 열이 말단까지 전달되어 부교감 신경이 한층 활성화된다.

누울 수 있는 공간을 확보할 수 있는 시설이 그리 많지 않기 때문에 실제로는 어렵긴 하지만 만일 가능하다면 그렇게 해서 차원이 다른 '되살아남'을 기다리자.

외기욕 때 그다지 좋지 않은 자세가 기립 자세다. 서 있으면 하반신의 혈액을 중력에 거슬러 순환시키기 위해 심장에 무리가 생긴다.

외기욕을 하는 시간은 계절에 따라 다른데 대개 5~10분 정도로 발끝이 조금 차갑게 느껴지는 정도까지다. 1세트가 끝나면 수분 보충을 위해 물을 마시고 3~4세트 반복하자.

14

진정한 '되살아나는' 시간은 약 2분

외기욕을 할 때 나는 민첩하게 행동하는 데 가장 큰 비중을 두고 있다. 왜냐하면 냉수욕탕을 나온 순간부터 '되살아나는' 시간의 카운트다운이 시작되기 때문이다. 대체 '되살아나다' 라는 것은 과연 무엇일까? 이것을 의학적으로 말하면 다음과 같다.

'되살아나다'라는 것은 혈중에는 흥분 상태 때 나오는 아드레날린이 남아 있는데도 자율 신경은 릴랙스 상태의 부교감 신경이 우위가 되는 보기 드문 상태를 말한다.

그래서 진짜 '되살아나는' 시간은 약 2분간 지속되다 끝난다. 냉수욕탕을 나온 후에 몸을 씻거나 외기욕장으로 가는 동선이 나빠서 이동하는 데 시간이 걸리면 그 귀중한 '되살아나는 시간'이 지나 버린다.

다음 페이지에 있는 그래프를 살펴보자. 이것은 사우나실 → 냉수욕탕 → 외기욕을 했을 때의 교감 신경과 부교감 신경의 활동을 나타낸 그래프이다.

사우나실에 들어가면 맨 처음에는 '따뜻하다'라는 훈훈한 기분을 느끼기 때문에 부교감 신경이 활성화되지만 금세 '뜨겁다'로 바뀌어서 교감 신경이 급상승한다. 그러다가 사우나실을 나오면 일단 원래로 돌아갔다가 냉수욕에 들어감으로써 다시 교감 신경이 상승한다. 그때 인체는 일상과 다른 가혹한 환경에 적응하기 위해서 아드레날린을 내보내 흥분 상태에 있게 한다.

아드레날린의 혈중 반감기는 2분

하지만 외기욕을 하면 인체는 생명의 위기를 벗어났다고 느껴서 단박에 부교감 신경을 우위에 놓는다. 바로 직전까지 교감 신경이 우위에 있었던 만큼 반동이 붙어서 이번에는 부교감 신경 쪽으로 커다랗게 기운다. 이에 따라 일상생활에서는

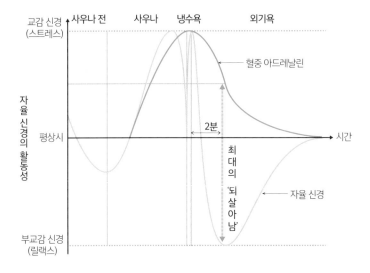

느껴 볼 수 없을 만큼 엄청난 정도의 부교감 신경 우위의 상태
가 되는 것이다.

　게다가 사우나실 → 냉수욕탕에서 교감 신경이 상승되어 분
비된 아드레날린도 아직은 혈액 속에 남아 있다. 아드레날린
의 혈중반감기(혈액을 타고 흐르는 사이에 효과가 약해져서 절반이
될 때까지의 시간)는 2분이다.[20]

　다시 말해 이 2분 동안은 아드레날린이 남아 있는데도 동시
에 릴랙스하고 있는 '몰입 영역'에 있는 것과 같은 상태가 되

는 것이다. 이는 '매우 편안한 상태이지만 졸린 것도 아니고 오히려 청명하게 의식이 깨어난다'라는, 내가 느낀 '되살아난다'와도 일치한다.

그러므로 이 귀중한 2분간을 온전히 내 것으로 만들려면 냉수욕에서 나와 민첩하게 행동하는 게 매우 중요하다.

15

—

되살아나기 위해서
가장 중요한 것은 '동선'

진정 '되살아나는' 시간이 2분밖에 없다는 것을 알게 됐으니 동선이 얼마나 중요한지도 이해했을 것이다.

그래서 내가 그다지 좋아하지 않는 장소가 층으로 나눠진 시설이다. 대도시 호텔에 이런 곳이 많은데 노천탕과 욕탕을 갖추느라 그랬는지 몰라도 2개 층으로 나누어 놓곤 한다. 그래서 외기욕 공간에 가려면 계단으로 다녀야 하는데 이동하는 동안에 그 귀중한 2분이 점점 줄어든다.

동선을 의식하는 사람이 그리 많지 않겠지만 의학적으로는 매우 중요한 일이다. 나의 이상을 말하자면 사우나실 → 냉수욕탕 → 외기욕까지 모두 10걸음 이내에 다 가능하면 좋겠다. 만일 외기욕 공

외기욕하는 방법

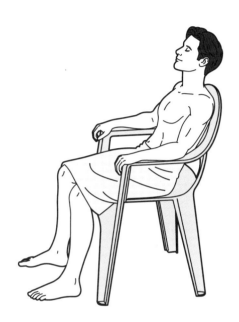

[하는 법]

- 냉수욕탕에서 나오면 재빠르게 수건으로 몸을 닦는다.
- 진짜로 '되살아나는' 시간은 약 2분. 민첩하게 이동한다.
- 눕거나 외기욕 의자에 앉는다.
- 일어서 있는 건 NG
- 외기욕 공간이 없거나 너무 먼 경우는 탈의실의 선풍기를 쐬도 된다.

[끝내는 기준]

- 5~10분 정도
- 발끝이 조금 차갑게 느껴지면

간이 따로 없거나 이동에 시간이 너무 걸리는 경우는 오히려 탈의실로 가서 외기욕 대신에 선풍기 앞에서 릴랙스하는 것도 하나의 방법이다.

사우나 마니아에게 듣는다!

02

삿포로 자애학원 삿포로 신요고교 교장 / 동명관학원 이사장

아라이 유타카 (45)

주식회사 리쿠르트를 세우고 소프트뱅크의 사장실에서 손정의 회장의 오른팔로 활약했으며 2016년부터 삿포로 신요고교의 교장으로 변신했다. 폐교될 뻔했던 이 학교를 개혁해 1년 만에 신입생이 155명에서 322명으로 늘었고 2년 만에 대학 진학률이 30%에서 60%로 올랐다. 성적순이 아니라 경험 지식을 중시하는 '연구 코스'도 신설했고 '일본에서 최고가 되기 위해 진심으로 도전하는 사람의 모교'라는 이념으로 교육해 지금은 해외와 도쿄에서 학생이 모여드는 학교가 되었다. 2019년 7월에는 사가현 기야마에 있는 진학 명문교인 동명관학원의 이사장으로도 취임했다.

사우나는 동아리 활동에 푹 빠졌던 나의 고교 시절과 통한다

1년 전쯤 사우나의 올바른 입실법인 '사우나실 → 냉수욕탕 → 외기욕'을 실천해 비로소 '되살아나는' 체험을 한 이후 사우나의 매력에 푹 빠졌고 지금은 월 2회 정도로 사우나에 가고 있습니다. '되살아난다'는 감각을 말로 표현하는 게 어렵긴 하지만 내 몸이 두둥실 떠오르는 것 같다고나 할까요. 심신이 피곤할 때 특히 더 가고 싶어집니다.

'오늘은 사우나에 가야지' 하고 생각한 순간부터 마음은 이미 신이 나기 시작합니다. 가서 '되살아나면' 머리까지 맑아져 그날은 깊은 잠을 잘 수 있고요. 사우나에 다니면서 몸의 변화에도 민감해지고 건강에도 신경을 쓰게 되었습니다.

저는 지인과 함께 사우나에 가는 일도 많은데 한 번이라도 함께 가면 '도원결의'라도 한 것처럼 친밀한 관계가 되는 것도 즐거운 효과라 할 수 있겠네요. 지금까지 다양한 사우나에 갔었는데 생각해 보면 '누군가와 함께했던 사우나'가 가장 기억에 남는 사우나인 것 같습니다. 오후 늦게까지 동아리 활동을 하고 집에 가는 길에 친구와 아이스바를 먹으며 왁자지껄 떠들며 걸었던 고교 시절처럼 눈앞의 것에만 집중하면 됐던 때를 떠올리게 하는 매력이 사우나에 있다고 생각합니다.

사우나 명소

자연 바람을 맞으며 '되살아나는' 사우나를 좋아한다. 로일리가 있고 붐비지 않는 것도 포인트라 할 수 있다.

1. 숲속의 스파리조트 홋카이도 호텔 (홋카이도 · 오비히로시)

https://www.hokkaidohotel.co.jp/stay/hotspring.html

살면서 처음으로 '되살아났다'를 느낀 사우나고 마이 베스트 사우나다. 몰 온천(물 색깔이 갈색을 띠는 온천)도 훌륭하고 사우나실도 근사하다. 노천탕에 있는 의자에 앉아서 넘쳐흐르는 온천에 발을 담그고 '되살아났던' 것은 최고의 경험이었다.

2. 솜파 사우나 (핀란드 · 헬싱키)

http://www.sompasauna.fi/?page_id=263

지역 주민의 뜻을 모아 운영되는 부두에 위치한 사우나다. 고객이 직접 스토브에 장작을 때서 불을 조절하고 로일리를 하며 이윽고 몸이 뜨거워지면 바다로 풍덩 들어가는, 일본에서는 생각할 수 없는 체험이 가능하다. 헬싱키의 사우나 마니아들의 사교장이기도 해서 금세 사이가 좋아지는 것도 매력적이다.

3. 간나와 무시유 (오이타현 · 벳부시)

https://www.city.beppu.oita.jp/sisetu/shieionsen/detail11.html

수증기가 아래에서 뿜어 올라오는 석실에 약초인 창포가 빈틈없이 채워져 있다. 거기에 누워 10분 정도 지나 땀이 흠뻑 나왔을 때 '이것이야말로 일본의 전통 사우나구나'라고 깨닫게 된다. 가마쿠라 시대의 승려 잇뺀쇼닌이 시작했고 노구치우조 시인은 '붕고의 간나와에서 무시유를 하고 돌아가는 길, 피부에 남은 창포의 향기'라고 읊었다.

제 3 장

여기까지 알았다, 사우나의 과학

사우나실 → 냉수욕탕 → 외기욕 으로 몸은 이렇게 변화한다

제2장에서는 '올바르게 사우나실에 들어가는 법'을 소개했는데 짧게 요약하자면 자신이 가장 기분 좋은 방법으로 들어가는 게 최고다. 그래야 자율 신경이 효과적으로 자극되어 쉽게 '되살아날' 수 있기 때문이다.

그렇다고 해서 '나는 이렇게 하는 게 기분 좋긴 한데 몸에 부담이 되는 건 아닐까?', '최근 혈압이 높아졌다고 조심하랬는데 어떤 점을 조심하면 되는 걸까?'처럼 약간 불안도 하고 궁금한 점도 있을 것이다. 그래서 여기서는 사우나를 하면 혈압과 자율 신경이 어떻게 변화하는지 설명하겠다. 인체의 작동 원리를 알게 되면 '냉수욕탕에 들어가면 혈압이 단박에 오른다 이 말이지? 그렇다면 나는 짧게 있다 나와야겠구나'처럼 자신에게 맞는 대책을 어렵지 않게 찾아낼 수 있을 것이다.

가장 먼저 중심부와 피부 표면의 혈류에 관한 것이다.

사우나실에 들어가면 중심부의 혈류는 줄어들지만 피부 표면은 열을 방출하기 위해 혈관이 확장되므로 혈류가 증가한다. 그러다 냉수욕탕에 들어가면 열이 몸 밖으로 나가지 못하도록 피부 표면 혈관은 수축하고 혈류는 떨어진다. 이 변화 때문에 혈액은 중심부에 모일 수밖에 없게 되며, 이에 중심부의 혈류는 증가한다. 그리고 외기욕에서 모두 평상시로 돌아간다.

심박수는 사우나에서 올랐다가 냉수욕탕에서 내려간다

심박수는 사우나실에서 올라간다. 사우나실의 온도가 워낙 뜨겁기 때문에 많은 양의 혈액을 순환시켜 열을 방출해야 하기 때문이다. 또 사우나실에 있는 동안은 혈류가 피부 표면에 모여 있기 때문에 중심부인 심장으로 돌아오는 혈액의 양이 줄어든다. 그렇게 되면 심장은 혈액을 단번에 채워 한꺼번에 쭉 내보내지 못하고 조금씩 조금씩 내보낼 수밖에 없다. 그래서 심박수가 오르는 것이다. 이렇게 적은 양을 조금씩 펌핑하고 있기 때문에 혈압은 조금 내려간다.

하지만 냉수욕탕에 들어가면 심박수는 떨어진다. 냉수욕탕에 들어가면 혈액이 중심부에 모여 심장으로 대량의 혈액이 들어오기 때문에 1회만으로 많은 혈액을 펌핑할 수 있다. 흔히 사람들은 냉수욕탕에 들어가면 심장이 세차게 두근거린다고 느끼는데 이것은 1회당 내보내는 혈액의 양이 늘어나서 펌핑 한 번 한 번이 커졌음을 의미한다.

냉수욕탕에 들어가면 심장이 혈액을 힘차게 내보내서 혈관의 압력이 커지기 때문에 혈압은 급상승한다. 그리고 외기욕을 하며 평상시로 돌아간다.

지금 설명한 것처럼 혈압은 복잡하게 변화한다. **사우나실에서 다소 내려가고 냉수욕탕에 들어가면 급격하게 오르며 외기욕에서 평상시로 돌아간다.**

이번에는 자율 신경이다. 이해를 위해 자율 신경을 교감 신경과 부교감 신경으로 나누어 설명하겠다.

교감 신경은 생명을 위협하는 상황에 맞닥뜨렸을 때 활성화하는 신경이므로 사우나실에 들어가면 흥분하고 냉수욕에서도 흥분하며 외기욕에서는 평상시로 돌아간다.

반대로 긴장이 풀리고 편할 때 활성화하는 부교감 신경은 사우나실에 들어간 순간은 잠시 다소 상승한다.[21] 추운 곳에서 따뜻한 곳으로 들어가면 마음이 풀어지고 기분이 좋아지는 것과 같은 이치다.

여기서 부교감 신경이 잠시 동안 상승한다는 점이 매우 중요한 포인트다. 일단은 릴랙스해 두었기 때문에 좀 이따가 교감 신경이 우위에 설 때 엔도르핀이 나오기 때문이다. 엔도르핀은 진통 효과와 행복감을 주기 때문에 뇌의 마약이라고도 불린다. 이 엔도르핀 덕분에 사우나를 마지막까지 쾌적하게 즐길 수 있다.

한편 사우나실에 들어왔을 때 따뜻하게 느꼈던 아까 그 순간과 달리 슬슬 '뜨거워!'로 바뀌기 시작하면 부교감 신경은 하강하고 냉수욕장에서도 부교감 신경은 하강하며 외기욕에서 단박에 상승한다.[22]

'되살아나다'의 의학적 메커니즘

이어서 호르몬에 대해서 설명하겠다. 사우나실과 냉수욕장에 들어가면 아드레날린과 노르아드레날린이 나온다. 앞서 말한 엔도르핀도 사우나실에서 교감 신경이 우위에 섰을 때 나온다.

아드레날린은 피로나 통증을 덜 느끼게 하거나 평소보다 힘을 더 낼 수 있게 하는 호르몬이다.

노르아드레날린은 의욕, 활동성, 사고력, 집중력 등을 관장한다. 이 둘은 교감 신경이 우위에 서면 분비된다. 그렇기 때문에 외기욕을 해서 교감 신경이 낮아지면 이들 호르몬도 분비되지 않는다.

그런데 여기서 중요한 또 하나의 포인트가 있다. 외기욕 때문에 이 두 호르몬 분비는 멈추지만 잠시 동안은 체내에 남아 있다는 점이다. 다시 말해 혈중반감기는 2분이기 때문에 2분이 지나더라도 아직은 그 절반이 남아 있으므로 외기욕으로 부교감 신경이 급상승하더라도 50%의 아드레날린과 노르아드레날린이 공존하고 있는 상태다. 그래서 그 기묘한 '되살아나는' 감각을 느끼는 것이다.

상반된 호르몬이 공존하고 있기 때문에 정신은 또렷하고 맑은데도 긴장이 풀리고 편안한 상태, 바로 이것이 '되살아나다'에 크게 기여하는 부분이라 생각한다.

마지막으로 체내 재생 역할을 하는 HSP에 대해서 설명하겠다. HSP에 대해서는 뒤에서도 자세히 설명하는데, HSP는 심부 체온이 38도가 넘으면 많이 나온다. 사우나에 들어가면 1세트당 심부 체온이 0.6도 오른다. 그런데 평상시 체온이 낮으면 1세트로는 38도에 도달하지 않을 것이다. 예를 들면 체온이 36도인 사람은 36+(0.6×4)=38.4도가 되므로 4세트가 필요하다.

심부 체온이 38도에 도달해서 대량으로 나온 HSP는 그 후에도 계속 나오다가 4시간 후에 최고치를 찍고 서서히 내려가다가 약 2시간이 지나면 끝난다. 따라서 사우나를 나와서 HSP가 최고치가 되는 4시간 안에 식사를 하고 잠자리에 들면 세포 재생이 엄청나게 활발해지므로 부디 꼭 해보길 바란다. 또한 심부 체온이 40도를 넘으면 HSP는 그 즉시 대량으로 나온다. 그런데 사우나실에 들어가서 금세 온도가 오르는 피부 표면에서는 1세트째부터 HSP가 나온다. 그렇기 때문에 사우나를 끝내고 곧바로 피부 관리를 하면 그 효과는 눈부실 정도다.

사우나실 → 냉수욕탕 → 외기욕 때의 인체 변화

	사우나실	냉수욕탕	외기욕	
혈류	중심부 ⬇	⬆	➡	
	피부 표면 ⬆	⬇	➡	
심박수	⬆	⬇	➡	
혈압	⬊	⬆⬆	➡	
자율 신경	교감 신경 ⬆⬆	⬆	⬊	부교감 신경과 아드레날린 등의 공존 = 되살아난다
	부교감 신경 ⤴	⬇	⬆⬆	
호르몬	⬆ ·노르아드레날린 ·아드레날린 ·엔도르핀	⬆ ·노르아드레날린 ·아드레날린 ·엔도르핀	⬊ ·노르아드레날린 ·아드레날린 ·엔도르핀	
HSP	심부 체온이 38도를 넘으면 많이 나온다.		4시간 후에 최고치 도달	

심부 체온이 38도를 넘기 위해서 필요한 세트 수를 구하는 방법
① 38 − 평상시 체온 = X
② X ÷ 0.6 = 필요한 세트 수

02

사우나 후의 뇌는
'명상을 한 상태'에 가깝다

사우나실에 들어가기만 하면 뇌의 활동이 변화하기 시작하는데 아쉬운 점은 사우나에 들어가 있는 동안에는 뇌파를 측정할 수 없다는 점이다. 그 대신 들어가기 전·후의 변화를 소개하겠다.

사용한 기기는 MEG이고 피실험자 수는 20명, 사우나에 들어가기 전과 나온 후에 10분간 휴식을 배치했고 이때 뇌 활동을 측정했다.

제1장에서도 소개했는데 정리하면 다음과 같다.

[변화 ①] DMN의 소비량이 줄었다 → 뇌 피로가 풀렸다.

[변화 ②] α파가 정상화되었다 → 결단력과 집중력이 오른다.

[변화 ③] 오른쪽 마루엽의 일부에 β파가 증가했다 → 아이디어가 잘 떠오른다.

[변화 ④] δ파가 내려갔다 → 각성도가 오른다.

[변화 ⑤] 마루연합영역이 활성화한다 → 감각이 민감해져서 몰입 상태가 된다.

   단지 사우나실에 들어갔을 뿐인데 뇌가 맑아지고 결단력과 집중력이 향상되며 아이디어가 잘 떠오르고 몰입 상태가 된다. 이 상태를 알기 쉽게 비유하자면 명상을 하고 있는 상태와 가깝다.

   명상을 하면 θ(세타)파가 나온다고 한다. 하지만 θ파의 활동이 지극히 느려 측정하기 어려웠기 때문에 MEG를 사용한 내 실험에서는 확인할 수 없었다.

   그렇지만 명상을 하면 DMN의 활동성이 떨어져 DMN의 과활동에 의한 뇌의 에너지 소비도 떨어진다는 연구 결과가 보고되어 있다. [23] 그러므로 사우나는 DMN의 과활동을 억제한다는 의미에서 명상에 가까운 상태라고 말할 수 있을 것이다.

'사우나 마니아에게 듣는다 5' 사례에서도 소개하고 있는 지인이자 고야잔의 고소인이라는 사찰의 주지스님인 사우나 애호가가 있다. 그는 도쿄대학 법학부를 나와 IT 회사를 몇 개나 세운 후 출가한 이색 경력의 소유자이다. 1년 동안 고야잔에 파묻혀 하던 수행이 얼마 전에 끝났는데 그도 "사우나에서 되살아났을 때 나 자신의 경계선이 사라지는 것 같은 그런 감각은, 생각해 보니 명상에 가까운 것 같다."고 말했다. 앞으로도 계속 연구하고 싶은 부분이다.

03

탕욕과 사우나는
닮았지만 다르다

'뜨뜻한 탕에 몸을 담가도 피로는 풀리는데? 사우나와 입욕이 뭐가 다르다는 거지?'라고 생각하는 사람도 있을 것이다.

확실히 따뜻한 탕에 몸을 담가도 피로는 풀린다. 입욕의 최대 장점은 혈류가 개선되는 것이다. 혈류가 개선되면 피로 물질이 쓸려 나가고 동시에 부교감 신경이 우위에 서면서 심신이 모두 편안하게 이완된다.

하지만 잠시 생각해 보자. 탕에서 나와서 다시 해야 할 일을 할 마음이 들었나? 혹시 완전히 이완되어 뇌도 멍해지고 일하기 싫지는 않았는가?

입욕과 사우나의 가장 큰 차이는 이 '뇌의 개운한 느낌'에 있다.

입욕을 하면 몸의 피로는 풀리지만 뇌의 피로는 풀리지 않는다.

비즈니스맨을 가장 괴롭히는 것은 육체 피로가 아니라 뇌 피로가 아닐까 한다. 책상에 앉아 거의 움직이지 않는 육체에 비해 뇌는 항상 풀가동하고 있다. 뇌의 중량은 전체의 5%밖에 안 되지만 뇌가 소비하는 에너지는 20%나 될 만큼 뇌는 혹사당하고 있는 것이다.

따라서 비즈니스맨이 중시해야 할 것은 혈류보다도 뇌의 변화다. 입욕으로 혈류를 개선하는 것도 중요하지만 뇌에도 개선 효과가 제대로 전달되어야 업무 효율이 높아지지 않겠는가 말이다.

냉수욕탕에 들어가면 뇌가 훨씬 깨끗해진다

입욕은 수압에 의한 마사지 효과가 있고 열전도율이 공기보다 50배 높기 때문에 원하는 체온까지 효율적으로 오른다. 그렇게 되면 기분이 좋아지고 부교감 신경이 우위에 서게 되는데 안타깝게도 뇌까지 영향을 주긴 어렵다. 여러분도 해봐서 알겠지만 탕에 들어가 있을 때는 평소처럼 이런저런 생각이 떠오르지 않던가.

이에 비해 사우나실은 열전도율이 낮기 때문에 100도에 가까운 고온에도 화상을 입진 않지만 매우 높은 온도 환경에 있게 된다. 이러한 잔혹한 환경에 있으니만큼 잡생각을 할 수가 없게 되어 DMN의 소비를 억제할 수 있다. 그래서 뇌 피로가 풀리는 것이다.

또 냉수욕탕에 들어가면서 피부 표면의 혈관이 바짝 수축하고 대신 몸속 깊이 있는 굵은 혈관에 혈액이 모여든다. 여기에는 뇌의 혈관도 포함되기 때문에 이곳으로도 혈액이 많이 몰려와 순환한다. 이때 뇌 내에서는 필요 없는 물질을 씻어 내는 활동이 활발히 진행된다. 혈류가 늘어나 물질의 대사 전환이 더욱 잘 일어나기 때문이다. 그러므로 냉수욕탕은 매우 중요하다!

여담인데 이전에 겨울의 홋카이도에서 사우나에 갔을 때 아주 살짝 시험을 해본 적이 있다. 그날은 눈보라가 엄청났고 기온은 영하 5도였다. 그래서 냉수욕탕 대신 그냥 밖에 나가도 되겠다 싶어서 사우나실 → 외기욕(냉수욕탕 대신에) → 실내(외기욕 대신에)의 순서로 해보았다. 지금도 사우나의 본고장 핀란드에서는 냉수욕탕이 없을 때 눈으로 곧장 뛰어드는 일이 있기도 해서 가능할 것이라고 생각했던 것이다.

　그런데 그다지 '되살아나지' 않았다. 뭔가 비슷한 느낌은 있었지만 달랐다. 아무래도 이건 열전도율이 다르기 때문이 아닐까. 공기에 비해 물이 50배나 전도율이 높다. 빠른 열전도야 말로 되살아나기 위해서는 필수다. 그러므로 냉수욕탕은 정말로 중요하다.

　암반욕과 사우나도 크게 다르다. 암반욕은 원적외선을 이용해서 저온(40도 정도)에서 몸을 천천히 따뜻하게 데우면서 릴 랙스하는 것이다. 암반에서 나오는 적외선은 피부에 에너지를 주고 서서히 사라지는데 피부 표면에서 0.2밀리미터 정도까지 닿는다.

　이에 비해 사우나실은 고온에 의해 교감 신경을 활성화한 후 냉수욕탕에서 한 번 더 활성화하고 외기욕으로 부교감 신경을 끌어올린다. 고무줄 한쪽(교감 신경)을 한계까지 잡아당기고 놓아 버리면 그 반동으로 반대쪽(부교감 신경)으로 한껏 튀어나가는 이미지를 생각하면 될 것이다.

　이처럼 입욕과 사우나는 결과적으로 부교감 신경이 높아진다는 점은 같지만 프로세스가 크게 다르다. 또 탕을 왔다 갔다 하는 온냉욕도 몸의 변화가 크지 않기 때문에 사우나를 통해 얻을 수 있는 효과에는 아무리 해도 미치지 못한다.

사우나·탕욕·암반욕에서는 HSP의 발현에 차이가 있다

심부 체온의 변화에도 차이가 있다. 암반욕(36~38도)에서는 10분 걸려 0.3도 오르고 입욕(40도 전신욕)에서는 15분 걸려 0.8도 오른다.[24] 참고로 온천(40도)의 경우는 10분에 1.0도 상승한다.[25]

건식 사우나(91도, 상대습도 5~18%)에서는 1세트(15분)에서 0.4도 정도 심부 체온이 상승한다. 습식 사우나(60도, 상대습도 60%)에서는 사우나(15분)에서 0.8도 심부 체온이 상승하고 그후 냉수욕탕에 들어가면(22도, 2분간) 0.2도 낮아진다.

정리하자면 **사우나 중에 비교적 저온인 습식 사우나와 40도의 입욕이 동등한 체온 상승 효과를 일으키는 것**을 알 수 있다.

입욕에서의 HSP 연구를 하는 이토요코 씨[26]와 그의 과거 발표[27]에 의하면 38도 이상의 열이 더해지면 조직의 재생에 관여하는 HSP70의 발현이 2배 이상 높아진다. 또 **40도를 넘으면 즉시 나타나며 37도, 38도, 39도의 경우에는 서서히 상승하다가**

4시간 후에 최대가 되고 그 후 급속하게 평상시 수준으로 떨어진다고 한다.

그러므로 체내를 관리하는 HSP70이 2배 이상이 되는 38도 이상을 원한다면 입욕에서 20분 이상 푹 담그고 있어야 한다(다음 페이지 그래프 참조). 평상시 체온이 36.8도인 경우 습식 사우나에서는 2세트 이상 건식 사우나에서는 4세트 이상이 필요하다.

얼굴의 피부 온도를 비교하면 입욕과 암반욕 둘 다 33~34도였다.[25] 건식 사우나(70도)에서는 4분 정도에 38도, 10분이 되자 40도 가까이 되었고 습식 사우나(40도)에서는 10분에 37도가 되었다. 정리하자면 얼굴의 피부 표면 HSP는 암반욕에서 거의 나오지 않았고 입욕이라면 20분 이상 머물러야 나온다. 이에 비해 사우나는 4분 이상에서 효과가 있으며 10분 머물면 즉각 발현했다.

지금까지 살펴본 깃처럼 사우나는 체내와 피부에 HSP가 빨리 나타나게 하므로 체내 관리와 피부 관리에 매우 뛰어나다고 할 수 있다.

심부 체온의 변화

입욕 (40도 전신욕)	건식 사우나 (91도, 상대습도 5~18%)	습식 사우나 (60도, 상대습도 60%)	암반욕 (36~38도)
15분에 **0.8도** 상승	1세트(15분)에 0.4도 상승	사우나(15분)에서 **0.8도** 상승하고 냉수욕탕(22도, 2분) 에서 0.2도 하강	10분에 0.3도 상승

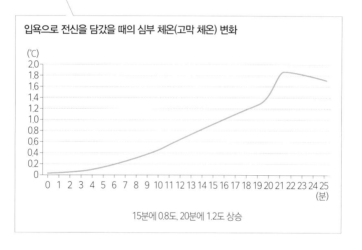

입욕으로 전신을 담갔을 때의 심부 체온(고막 체온) 변화

15분에 0.8도, 20분에 1.2도 상승

얼굴 피부 온도의 변화

입욕	건식 사우나 (70도)	습식 사우나 (40도)	암반욕
33~34도	4분 → 약 38도 10분 → 약40도	10분 → 37도	33~34도

출처 : https://www.youko-itoh-hsp.com/hsp とは/hsp入浴法/
암반욕과 온천욕이 건강한 성인 여성의 맥파 전파 속도에 미치는 영향. 일본위생학회지, 2014

04

사우나는 매일 해야
건강 효과를 가장 높인다

처리해야 할 업무가 매일같이 산더미처럼 쌓이고 회식과 출장도 잦으면 사우나를 할 시간에 차라리 눈앞의 일을 빨리 해치우고 싶은 마음이 깊어질 것이다. 그래야 내일이면 숨통이 좀 트이지 않겠는가 하면서. 그 기분, 충분히 이해한다.

하지만 심신에 휴식을 주지 않고 계속 풀가동해 버리면 머지않아 몸에는 이상이 발생한다. 고치지 못할 만큼 큰 고장이 나기 전에 부분적이나마 기름도 치고 조이고 닦는 편이 긴 안목으로 볼 때 효율적이다. 자신의 몸을 위한 일이므로 호미로 막을 수 있을 때 막아 두자. 가래로 막을 일이 생기지 않도록!

그러므로 사우나에 가자!

사우나를 하는 날이 많으면 많을수록 심근경색과 치매, 알츠하이머에
걸릴 위험이 낮아진다는 보고가 있다.[28]

이것은 미국의 메이요 클리닉 2018년의 리포트에 실려 있다.
참고로 이곳은 클리닉이란 명칭을 사용하고 있지만 사실은
1846년에 세워진 역사 깊은 종합병원이다. 역대 대통령과 각
계의 VIP를 진료하고 있으며 의료 관계자 사이에서도 유명하다.

이 메이요 클리닉의 보고에 의하면 사우나에 주 1회밖에 들
어가지 않는 사람과 4~7회 들어가는 사람을 비교했을 때 다
음과 같은 결과를 얻었다고 한다.

- 심근경색 52% 감소
- 알츠하이머 65% 감소
- 치매 66% 감소
- 우울증을 주로 호소하는 정신과 질환 77% 감소

사우나에 들어가는 집단은 주 4회 이상이 대상이지만 세세
한 빈도까지는 알 수 없기 때문에 '들어가면 들어갈수록 좋
다'고 말할 수 있는지는 분명하지 않다.[29]

하지만 매일 가면 좋은 것은 확실하다. 업무 효율이 높아지는 것도 확실하다. 그러니 매일 가지 않을 이유가 없지 않은가.

—

05

사우나의 건강 효과가
일본인에게 특히 높은 이유

한창 활동하는 비즈니스맨들 사이에서 '요즘 혈압이 높아져서 큰일이야'라는 말이 유행가 가사처럼 빈번하게 오가는 것 같다.

실제로 일본의 고혈압 환자는 4,300만 명으로 추정되고 있는데, 이는 세 명 중 한 명이 고혈압이라는 상황을 의미한다. '주변에 있는 사람이 거의 고혈압인데 뭐'라며 안일하게 생각해서는 안 된다. 고혈압은 뇌졸중과 심장질환 등을 일으키는 최대의 위험인자이다.

일본인에게 고혈압이 많은 이유 중 하나가 염분 과잉섭취다. 현재 일본인의 소금 권장 섭취량은 남성 8그램, 여성 7그램 미만으로 정해져 있다. 그런데 후생노동성의 '국민건강·영양조사'에 의하면 2017년 일본인의 소금 섭취량(식염상당량)은 남성 10.8그램, 여성 9.1그램으로 남녀 모두 상회하고 있다. 매일 미소된장국을 비롯해 회식할 때 나오는 맵고 짭짤한 안주, 해장으로 먹는 라면 등 비즈니스맨이 가장 좋아하는 음식 대부분이 염분 과잉섭취에 영향을 주고 있다.

염분을 과잉섭취하면 혈관이 터질 듯 팽팽해지기 때문에 혈압이 오른다

우리 몸에 염분이 많이 들어오면 고혈압이 되는 이유를 간단히 설명하겠다.

염분 과잉이 되면 혈액 중에 염분이 많이 포함된다. 염분에는 물을 끌어당기는 성질이 있기 때문에 주변 세포 속에 있는 수분까지 끌어당겨서 혈액의 양이 증가한다. 그렇게 되면 마치 혈관이라는 호스 안에 물이 빵빵하게 가득 차 있는 것처럼 되고 이때 혈관의 안쪽을 누르는 압력이 높아져 고혈압이 되는 것이다.

하지만 사우나에 들어가면 땀을 많이 흘려서 염분과 수분이 배출될 뿐만 아니라 혈관도 확장된다. 즉, 고혈압이 되는 요인을 없앨 수 있게 되는 것이다.

일본에는 오래전부터 온천 문화가 있었기 때문에 사우나 인프라가 잘 갖춰진 사우나 대국이다. 후생노동성에 의하면 2016년 일본 공중목욕탕은 25,000여 곳 정도 있고, 그중 정확한 수는 알 수 없지만 10,000여 곳 정도는 사우나 시설을 갖추고 있다고 한다. 언제 어디서든 저렴한 가격으로 사우나를 이용할 수 있는 환경은 식염 과잉과 고혈압 위험에 노출되어 있는 일본인에게 매우 큰 장점이며 세계에 자랑할 만한 자산이다.

06

혈관의 탄력성이 높아지고
심장병 위험이 낮아진다

업무가 아무리 파도처럼 밀려온다 해도 어느 날 갑자기 픽 쓰러지는 사태는 피해야 하지 않을까?

그런데 일본인의 사망원인 2위가 심장질환이다. 협심증(심장으로 운반되는 산소와 영양소가 부족한 상태)과 심근경색(혈관이 완전히 막혀서 혈액이 전해지지 않는 상태)도 여기에 포함된다. 그리고 협심증과 심근경색의 방아쇠가 동맥경화다.

동맥경화란 혈관이 딱딱해지는 것이다. 원래 혈관은 잘 늘어나는 고무처럼 탄력이 있는데 동맥경화가 진행된 혈관은 마치 삶기 전의 마카로니처럼 딱딱하다.

제2의 심장이라고도 불리는 혈관이 늘어나거나 줄어들거나 해서 혈액 순환을 보조하기 때문에 혈관이 딱딱해지면 본래는 이인삼각으로 했던 혈액 순환을 심장 혼자서 다 해내야 하는 사태가 발생한다. 즉, 심장의 업무량이 폭증한다.

해야 할 일이 많아진 심장은 자기 자신을 크게 부풀려서 어떻게든 제 역할을 다 해내려 기를 쓴다. 그러면서 덩치가 커진 만큼 자기 자신에게도 예전보다 많은 혈액(영양)이 필요하다. 그런데 혈액이 다니는 길인 혈관은 딱딱해졌고 다니는 길 자체도 좁아져 있기 때문에 심장에 충분한 혈액이 운반되지 않아 결국 협심증이나 심근경색이 일어난다.

혈관이라는 유능한 비서가 제 기능을 못하게 되자 전체 업무까지 제대로 돌아가지 않게 됐다고나 할까.

하지만 사우나는 이 유능한 비서를 돕는다. 사우나에 들어가면 혈관의 탄력성이 올라간다.[30] 이에 따라 심장의 과도한 업무량이 줄고 협심증과 심근경색의 위험을 낮출 수 있게 된다.

사우나는 혈관 운동도 된다

사우나에 들어가면 어째서 혈관의 탄력성이 높아질까?

이것은 나의 추측인데 **사우나에 들어가면 자율 신경이 자극되어**

혈관이 강제적으로 늘어나기도 하고 줄어들기도 하기 때문이 아닐까 한다.

혈관은 자율 신경에 의해 컨트롤되므로 교감 신경이 우위에 서면 혈관은 수축하고 부교감 신경이 우위에 서면 확장한다. 사우나에 들어가면 교감 신경과 부교감 신경이 번갈아 활성화하기 때문에 마치 혈관이 수축 운동과 확장 운동하는 것을 연상하면 이해에 도움이 될 것이다.

혈관 탄력성이 높아지면 알츠하이머의 위험도 낮아진다

혈관 탄력성이 높아지면 심장병뿐만 아니라 알츠하이머 예방 효과도 기대할 수 있다.

가끔 이런 말을 하는 사람이 있다.

"건강 검진을 했는데 위 혈압은 높았지만 아래 혈압은 낮았기 때문에 괜찮은 것 같아요."

이 책을 읽는 당신은 어떤가?

본인 입장에서는 플러스 마이너스 해서 혈압의 균형이 잡혀 있다고 여길지 모르겠지만 전혀 그렇지 않다. 알츠하이머 위험이 있는 매우 심각한 상태이기 때문이다.

일단은 혈압에 대해서 간단하게 짚고 넘어가자. 혈액은 심장에서 나오면 혈관으로 들어간다. 탄력 있는 호스처럼 생긴 혈관은 넓어졌다가 좁아졌다가 하면서 혈액을 전신으로 운반한다. 그런데 혈관이 탄력을 잃어서 딱딱해지면 넓어졌다가 좁아졌다가를 할 수 없다. 그렇게 되면 심장은 혈액을 전신으로 보내기 위해 가진 힘을 모두 모아 있는 힘껏 최대한으로 수축해야 한다. 이처럼 엄청난 노력을 하는 심장 덕분에 힘차게 나온 혈액이 아까 말한 위 혈압, 즉 수축기 혈압을 높인다.

아래 혈압, 즉 이완기 혈압은 수축했던 심장이 원래로 돌아오면서 혈액을 받아들일 때의 압력이다. 혈관의 도움이 있으면 심장이 큰 노력을 하지 않아도 혈액은 충분히 되돌아온다. 하지만 혈관이 딱딱해져 있으면 이번에도 심장은 엄청난 노력을 해서 빨아들여야 한다. 안 그러면 혈액이 돌아오지 않기 때문이다. 그러므로 혈관이 딱딱해져 있으면 심장이 애를 써가며 혈액을 빨아들여야 하기 때문에 이완기 혈압이 낮아지는 것이다.

혈관이 딱딱해지면, 다시 말해 **동맥경화가 진행되면 위 혈압(수축기 혈압)은 높아지고 아래 혈압(이완기 혈압)은 낮아진다.** 그리고 이

두 혈압의 차이(맥압)는 커진다. 이 맥압은 매우 중요한 지표인데 맥압이 큰 사람일수록 알츠하이머가 발생하기 쉽다는 보고가 있다.[31]

하지만 사우나에 들어가면 혈관의 탄력성이 높아지기 때문에 맥압을 낮출 수 있다. 그 결과 알츠하이머에 대한 예방 효과를 얻을 수 있는 것이다.

07

치매에 걸릴 위험이
66%나 감소

- 명함을 주고받았던 사람인데 이름이 기억나지 않는다.
- 앉아 있다가 일어섰는데, 뭘 하려고 했었는지 잊어버린다.
- 예전에는 스케줄을 머리로 관리했는데 요즘은 수첩에 적어
  두지 않으면 잊어버린다.
- 간단한 계산에 시간이 걸린다.
- 한자가 기억나지 않는다.

해가 갈수록 이런 일들이 늘어나서 '혹시 내가 치매에 걸린
거 아냐?' 하고 생각한 적이 있지는 않은가?

하지만 사우나가 습관이 되면 이런 불안도 없앨 수 있다. 사

우나에는 치매를 예방하는 효과도 있기 때문이다.

동핀란드대학이 핀란드의 동부에 살고 있는 남성(42~60세) 2,315명을 대상으로 사우나에 들어가는 빈도와 치매 발생 위험과의 관련성을 조사했는데 놀라운 결과를 얻었다.

바로 거의 매일 사우나에 들어가는 사람은 주 1회 이하로 들어가는 사람에 비해 경도의 치매 장애에 걸릴 위험이 66%나 낮았다는 것이다.

이는 앞에서 언급한 메이요 클리닉의 보고에 있던 것과 같은 내용이다.[28]

치매와 알츠하이머의 원인 물질이 씻겨 나간다?

왜 이러한 효과가 있는 걸까? 자세한 것은 아직 명확히 밝혀지지 않았지만 나는 뇌의 혈류와 관련되어 있을 것이라고 생각한다.

뇌는 매우 중요한 부위다. 세균이나 바이러스 같은 물질들이 침입하지 못하도록 뇌혈관 벽은 빈틈없이 탄탄하게 만들어져 있다. 하지만 그런 만큼 물질 교환도 일어나기 어려워서 치매나 알츠하이머의 원인이 되는 불필요한 물질이 쉽게 쌓인다. 그러나 사우나에 들어가면 수분을 비롯해 물질 교환이 촉진돼서 결국은 불필요한 물질이 죄다 씻겨 나간다. 이 과정이 치매 예방에 한 역할을 담당하고 있는 것이라고 생각하는 것이다.

또 다른 이유로 생각할 수 있는 것이 수면 개선에 의한 것이다. 사우나에 들어가면 수면의 질이 좋아진다고 설명했는데, 좀 더 자세히 말하자면 비렘 수면 중에서 깊은 수면의 비율이 늘어난다. 세계에서 가장 권위 있는 과학 잡지인 〈사이언스〉의 2013년 [32] 과 2019년 [33] 에 비렘 수면일 때 뇌의 전 영역이 동시에 휴식하는데 그때 뇌척수액이 잔물결처럼 밀려와 뇌를 씻어 낸다고 실렸다. 다시 말해 치매의 원인이 되기도 하는 뇌 내의 불필요한 물질이 씻겨 나간다는 것이다.

앞으로도 이 과정을 계속 연구해서 어떤 방식으로 진행되는지 해명해 나갈 생각이다.

08

우울증 예방과 우울신경증 개선에 극적인 효과가 있다

경도에서 중등도까지 합하면 일본에서 우울증을 겪는 사람이 연간 500만 명에 이른다고 한다. 이는 노동인구 13명 중 1명에 해당하는 숫자다. 이 정도이니 여러분의 지인이나 회사 내에서 우울증 때문에 휴직하는 사람이 꽤 있을 것으로 추측할 수 있다.

사우나는 우울증에 걸릴 위험도 줄인다. 사우나가 인체에 효과적이라는 것은 받아들이기 쉬웠을 테지만 정신에까지 긍정적인 영향을 준다는 사실에는 놀랄지도 모르겠다.

나도 사우나가 우울증 위험을 어떻게 해서 낮춘다는 것인지 의아하게 생각했었다. '우울증을 겪는 사람은 사우나에 갈 기력도 없어서 못 가기 때문에 사우나를 하는 사람 중에는 우울증 환자가 적다고 여기는 게 아닐까? 아, 반대로 우울증을 겪는 사람을 사우나에 데리고 가서 정말로 우울증이 나아지는지 연구하면 알 수 있을지 몰라.'

그러던 어느 날 우연찮게 정말 기회가 찾아왔다. 홋카이도의 텔레비전 프로그램에 출연했을 때다. MEG를 활용해 사우나에 관한 연구를 다뤘던 프로그램이었는데 이것을 시청했던 한 남성이 '꼭 사우나 연구의 피실험자가 되고 싶다'며 내가 근무하는 병원으로 연락을 해 온 것이다.

행동이 느리고 활기가 없는 중등도의 우울증 환자가 사우나에서 회복

그 사람은 우울증을 오랫동안 겪고 있어서 20년가량 약을 먹고 있으며 약을 먹지 않으면 움직일 수 없을 정도라 했다. 그런데 프로그램에서 소개했던 '사우나를 하는 올바른 방법'을 한번 해봤더니 약을 먹지 않아도 3일 정도는 좋은 컨디션으로 생활할 수 있었다는 것이다. 그래서 '약을 먹어도 이렇지는 않았는데, 정말 대단하다. 나 같은 사람에게 도움도 되고 의학적으로도 엄청난 일일지 몰라!' 하는 생각에 연락했다는 것이다.

이분은 실험 측정을 할 호쿠토 병원(오비히로시)에서 120킬로미터가량 떨어진 곳에 거주했기 때문에 굳이 무리하지 않아도 된다는 전제하에 일단은 만나기로 했다.

만난 당일은 몸 상태가 매우 안 좋아 보였다. 움직임이 느리고 기력도 없었다. 괜찮은지 물으니 "오랫동안 겪었기 때문에 전조가 있어요. MEG로 측정할 때 증상이 나오지 않으면 의미가 없을 거 같아서 상태가 안 좋은 타이밍에 맞춰서 왔어요"라고 말하는 것이다.

이 말을 듣고 피실험자에게 부담을 줄 가능성이 있는 임상 연구 계획은 인정을 받을 수 없다는 취지를 전했지만 "괜찮아요. 저 혼자 생각에 이럴 때 와야 좋겠다 싶어서 왔을 뿐이에요. 그러니 부디 측정해 주세요. 게다가 지금 증상이 나타나고 있으니 오히려 사우나에 들어가서 컨디션을 좋게 하지 않으면 이젠 집으로 돌아가지도 못해요"라고 해서 실험을 시작하기로 했다.

먼저 사우나를 하기 전 측정을 하고서 사우나에 들어갔다. 걱정돼서 나도 함께 들어갔다. 2세트째 이후부터 변화가 눈에 띄기 시작했는데 그는 다른 사람이 된 것처럼 움직임이 빨라졌고 말의 속도도 일정해졌으며 말투도 부드러워졌다. 너무나 극적인 변화였기 때문에 정말 놀랐다. 이 실험은 매우 귀중한 데이터가 되겠지만 안타깝게도 피실험자가 1명밖에 없기 때문에 과학적 결론을 내리기는 아직 이르다.

하지만 우울증에 대한 사우나 효과를 고려할 때 빼놓을 수 없는 중요 시사점이 되는 건 틀림없다. 그 뒤로 우울증과 사우나에 관한 논문을 좀 더 찾아봤더니 사우나는 심하지 않은 우울증이 있는 사람에게 효과가 있다는 보고서가 있었다.[34] 앞으로도 계속 이쪽으로 연구를 지속해 나가려 한다.

사우나는 일종의 자극요법

어째서 사우나가 우울증에 효과가 있는 걸까. 약물 복용 이외의 우울증 치료법을 살펴보면 사우나의 효과가 결코 부자연스러운 것만은 아님을 알 수 있다.

사람들은 우울증의 주 치료법으로 약을 생각한다. 하지만 약에 의한 치유율은 생각만큼 그리 높지 않다. 놀랍게도 효과가 높은 방법은 'ECT(전기경련요법)'라는 전기쇼크를 주는 방법이다.

ECT는 맨 처음에 근이완제를 맞아 근육이 과잉수축하지 않도록 준비한 후 머리 부위에 전기가 흐르게 장치를 한다. 전기 자극으로 뇌에 치료적 영향을 줘서 효과를 얻는 방법으로, 이미 말했듯이 높은 효과를 자랑하지만 기억 상실이 일어난다거나 환자에게 주는 부담이 커서 보통은 다른 치료가 듣지 않는 경우나 중증 우울증인 경우에만 한정한다. 아무에게나 사용할 수 없다는 뜻이다. 이보다 조금 가벼운 방법으로 밖에서 자기력으로 뇌를 자극하는 치료법도 있는데 효과는 조금 떨어진다.

이처럼 전기나 자기력에 의한 '자극'은 사우나를 했을 때 생기는 자극과 비슷하다고 생각한다. 사우나실에서는 '너무 뜨거워!'가 감지되고 냉수욕탕에 들어가면 '앗, 차가워!'가 감지된다. 뇌는 혼란에 빠지지만 신체 활동은 활발해진다. 이처럼 사우나는 마일드한 전기 자극에 가까우므로 일종의 자극요법이 되는 것 같다.

09

면역력이 높아져 감기·독감에 잘 걸리지 않게 된다

중요한 프레젠테이션이나 행사가 다가올 때 신경이 쓰이는 것이 아무래도 '컨디션 유지'일 것이다. 만일 당일에 몸살감기라도 걸려 버리면 지금까지의 노력이 수포로 돌아간다. 또 평소에도 감기나 독감 때문에 일주일 정도 쉬면 단박에 업무는 정체되고 만다. 어쨌든 좀 쉬어서 컨디션이 나아진 것 같으면 밀린 일을 처리하느라 야근이 이어지고 심신은 다시 피곤해지지만 에너지 음료를 마시고 양치질을 해서라도 정신을 차리려 노력한다.

아무래도 자기 관리 인식이 높은 비즈니스맨은 컨디션 관리에도 많은 노력을 기울일 것이다. 평소의 컨디션 관리에도 역시 사우나가 도움이 된다. 사우나를 하면 면역력이 높아지는 효과가 있기 때문이다.

왜 그런가 하면 지금까지 설명했듯이 사우나에 들어가면 HSP가 나온다. HSP는 손상된 세포를 열로 재생하는데 이 범위에는 면역 세포도 포함된다. 면역 세포가 재생되어 활성화되는 것이다. 그 결과 면역력이 높아져 감기나 독감 같은 감염병에 잘 걸리지 않는다.

조금 오래된 연구이긴 한데, 1990년에 오스트리아의 빈대학이 사우나와 감염병에 관련된 독특한 논문[35]을 발표했다. 50인의 대상자를 두 그룹으로 나눈 뒤 25명은 주에 2회 이상 사우나에 들어가게 하고 다른 25명은 사우나에 들어가지 않게 한 후 두 그룹이 감기에 걸리는 비율을 6개월에 걸쳐 추적 조사한 내용이다.

결론은 사우나에 들어간 사람은 그렇지 않은 사람에 비해 약 50%나 감기에 걸리는 비율이 낮았다. 전반의 석 달 동안은 두 그룹 모두 감기에 걸리는 비율에 눈에 띄는 변화가 없었지만 후반 석 달 동안은 큰 차이가 나타났다는 것이다.

이로써 사우나를 일상생활 안에 포함하면 면역력이 오른다고 결론을 낼 수 있을 것이다. 사우나를 하면 업무 효율이 오를 뿐 아니라 언제나 그 효율을 발휘할 수 있는 몸으로 유지할 수 있다는 사실은 비즈니스맨에게 좋은 소식이 아닐 수 없다!

10

여성이 사우나에 대한 감수성이 높아서 '되살아나기' 쉽다

최근 들어 내 주변에 여성 사우나 애호가가 늘고 있다. '사우나 마니아에게 듣는다 3' 사례에 등장하는 야마이 리사 씨는 아웃도어 브랜드인 스노우피크의 부사장으로 2014년에 패션 브랜드를 론칭해 겨우 5년 만에 매출을 10배나 끌어올린 장본 인이다. 또《꼴찌 학생, 1년 만에 게이오대학에 합격하다》의 주 인공이기도 한 고바야시 사야카 씨도 최근에 사우나에 푹 빠 졌다고 한다. 그녀는 '강연 활동으로 심신이 소진됐더라도 사 우나만 들어가면 컨디션이 좋아진다'고 말한 적이 있다.

사우나는 주로 남성용이라는 이미지가 강할지 모르지만 여성 애호가도 많으며 활발한 사회생활을 하는 여성들은 그 매력을 일찍부터 알고 있었다. 남성과 여성을 놓고 봤을 때 여성이 사우나의 감수성이 더 높아서 쉽게 되살아난다. **호르몬의 분비와 자율 신경의 반응성을 비교한 결과 여성이 더 컸기 때문이다.**[*36]

호르몬이라 하면 대개는 여성 호르몬을 연상할지 모르지만 그렇지 않다. 사우나를 하면 쾌락 호르몬인 β엔도르핀, 모성에 관련하는 프로락틴, 행복 호르몬이라고 불리는 옥시토신, 대사에 관련하는 갑상샘 호르몬 등[*37]이 증가한다. 스트레스 호르몬이라 불리는 아드레날린, 알도스테론, 코르티솔 등의 증가도 보고되어 있긴 한데 이것은 스트레스에 대응해 분비되는 것이므로 지나치게 혹독한 환경인 사우나에 들어갔을 때 나오는 자연스러운 현상이라 할 수 있다.

행복감을 느끼고 다이어트에도 도움

즉, 사우나를 하면 쾌락을 느끼고 모성애가 커지며 행복한 기분이 되고 신진대사도 오른다. 또 앞에서 설명했듯이 피부가 맑아지고 살이 잘 찌지 않는 체질이 된다. **여성에게 사우나는 최고의 습관이다.**

한편 이 연구는 완경 전의 여성을 대상으로 한 것이다. 다시 말해 완경 후의 비교 연구가 없기 때문에 그때는 과연 어떠한 사우나 감수성을 보일지 미지수다. 적어도 남녀 차가 적어지지 않을까 조심스럽게 예측해 본다.

앞으로는 여성 사우나 마니아가 점점 늘어나지 않을까 싶다.

11

소금 사우나를 하면
피부가 매끈매끈한 진짜 이유

소금 사우나에서 몸에 소금을 바르고 문지르면 피부가 매끈 매끈해진다고 생각한다. 혹시 '깔깔한 것으로 피부를 문지르 니까 피지가 떨어져서 그렇게 되는 건가'라고 생각할지 모르 겠다.

소금 사우나에서 피부가 매끈매끈해지는 진짜 이유는 '피지 가 떨어졌기 때문'이 아니다. 대답은 오히려 그 반대이다. '새로 운 피지에 코팅됐기 때문'이다.

소금을 몸에 바르면 삼투압(소금이 수분을 흡수하는 힘) 때문 에 땀이 많이 나오게 된다. 여기에다 사우나실의 열기까지 더 해져 교감 신경이 활성화되어 교감 신경이 지배하고 있는 '아포크린샘'이 자극된다. 아포크린샘에서 나온 땀은 투명하지 않은데 지질이나 단백질 등을 많이 포함하고 있기 때문이다. 이 땀은 피부를 보호하는 얇은 막인 '피지막'의 바탕이 되는 것으로 피부의 촉촉함을 유지해 주는 천연 보습 성분이라 할 수 있다.

정리하면 소금을 몸에 바르면 신선한 새로운 피지가 만들어진다. 묵은 피지는 수분을 머금고 있는 능력이 떨어지기 때문에 피부가 푸석푸석해지지만 새로운 피지는 보습력이 높아 촉촉하고 매끈매끈한 피부가 된다.

그러므로 **소금을 몸에 발랐다면 곧바로 씻어낼 게 아니라 적어도 5분 정도**(피부 표면의 소금이 땀에 녹을 때까지)**는 기다리자**. 그렇게 하면 새 피지가 나오기 쉬워진다.

소금 사우나에서 소금을 발라 새 피지가 분비되게 할 수는 있지만 오래된 피지나 묵은 각질을 녹일 수는 없다. 그러므로 녹인다는 표현보다는 새 피지와 땀이 나와 옛것과 자리를 바꾼다는 말이 올바르다.

일부 사이트에 오래된 피지와 각질이 녹는다는 정보가 실려 있는데 전혀 틀린 말이다. 피지의 주성분인 지방산은 식염에 녹지 않을뿐더러 피지의 녹는점은 60도가량인데 사우나실에서는 이 온도에 도달하지 않는다.

또 피부의 각질은 케라틴과 케라틴 사이를 메꾼 지질로 구성되어 있다. 피부는 몸의 방어막이므로 물리적, 화학적으로 안정되어 있고 케라틴은 소금에 전혀 녹지 않는다. (바다에서 몸이 녹는 사람 봤는가?) 지질은 케라틴 사이를 메꿔서 수분을 유지하고 산성이 되어 정화하는 작용도 한다. 소금 사우나에 들어가서 피부가 매끈매끈해지는 것은 새로운 지질 덕분에 수분이 보호되고 유지되어 방어 장벽 기능이 향상되었기 때문이다.

12

사우나의 조명은
어두운 편이 좋다

사우나의 조명은 시설에 따라 밝은 곳도 있고 어두운 곳도 있다. 요즘엔 텔레비전을 설치해 둔 곳도 많기 때문에 밝은 빛을 바라보는 경우가 더 많을 것 같다.

하지만 '되살아나다'를 위해서라면 조금은 어두운 편이 좋겠다. 왜냐하면 밝은 빛을 보면 인체는 낮 동안의 활동 시간이라고 인식해 온도의 세팅 포인트를 높게 잡기 때문이다. 그렇게 되면 뇌는 '지금부터 온도가 올라간다!'라며 준비하므로 몸에 부하가 별로 걸리지 않고 교감 신경이 활성화하기 어려워진다.[38] 그에 따라 교감 신경 → 부교감 신경의 낙차가 적어져 결과적으로 되살아나기 어렵게 된다.

참고로 참조한 논문*은 사우나에 들어가기 전에 밝은 빛이나 어두운 빛을 본다는 실험을 바탕으로 한 것이므로 **사우나만이 아니라 탈의실이나 입욕실, 외기욕 장소도 조금은 어두운 편이 되살아나기 쉬우리라** 생각한다.

게다가 빛을 쪼이면 수면 호르몬인 멜라토닌의 양도 줄어들기 때문에 깊은 수면에도 방해된다.

아침에 들어가는 경우라면 밝은 조명이 좋다

이를 바탕으로 만일 밤이 아니라 아침에 들어가는 경우라면 조명은 밝은 쪽이 좋을 것이다. 앞서 말했듯이 밝은 빛을 쪼이면 온도의 세팅 포인트가 높아지고 인체는 활동에 들어가 사우나에 의한 부하가 줄어든다.

밤에는 사우나에 의한 부하를 힘껏 견뎌서 교감 신경과 부교감 신경의 낙차를 즐기고 잠을 푹 자면 되지만 아침에는 이제부터 활동을 시작하는 시간대이니 졸음을 일으키는 과도한 부하는 피해야 한다. 밝은 조명을 봐서 뇌를 쨍하게 각성시

---

* 앞 문단에서 제시한 참고문헌 38번 논문을 의미한다._역주

키자.

단, 밝은 빛이라고 해도 텔레비전 시청은 그리 권하지 않는다. 모처럼 외부 정보를 차단하고서 자신의 내면에 집중할 수 있는 환경인 마당에 아무리 무의식적이라지만 의미 없이 흘러가는 정보를 받아들이면 '되살아나기' 어려워진다.

사우나 마니아에게 듣는다!

03

주식회사 스노우피크 대표이사 부사장 · CDO

야마이 리사 (32)

2012년에 스노우피크에 입사. 2014년 스노우피크의 패션 사업을 론칭했다. 2018년에 기획개발본부장이 되어 제품 개발, 영업 개발 전반의 책임자를 거쳐 2019년부터 대표이사 부사장·CDO에 취임했다. '스노우피크 캠프와 사우나가 합쳐지면 최강'이라며 사우나 전문 브랜드 TTNE와 협업으로 텐트 사우나를 개발했다. 기대하시라!

캠프와 사우나는 체험 가치가 닮았다

2년쯤 전에 뉴욕에서 친구 손에 이끌려 러시아식 사우나에 갔던 것이 사우나에 푹 빠진 계기입니다. 처음에는 탕에 들어가는 목욕도 싫어했는데 하물며 냉수욕탕이라니, 절대로 못해! 하며 손사래 쳤지요. 그때도 샤워로 끝내려고 했었는데 다른 친구들이 냉수욕탕에 들어간 모습이 너무나 기분 좋아 보여 혹하는 마음에 저도 마음을 단단히 먹고 난생처음 냉수욕탕에 들어갔습니다. 그 후로 세상이 완전히 달라졌습니다. 사우나의 좋은 점에 눈이 번쩍 뜨였다고 할까요. 지금은 자주 갈 때는 주 1회 정도 갑니다.

원래 제 멘탈은 강한 편이긴 한데 저도 모르게 업무 부담 등으로 자율 신경이 약해졌을 때 사우나에 가면 그야말로 되살아납니다. 사우나실 → 냉수욕탕 → 외기욕을 반복하면 마치 배터리를 갈아 끼운 듯 완벽하게 부활하고 피부까지 반짝반짝 광채가 납니다. 일하는 여성이야말로 사우나가 필수라고 생각합니다. 또 사우나를 하면서 뜻이 잘 맞는 사람들과 만나는 것도 즐거운 일입니다. 사우나에는 정말 좋은 점만 가득합니다.

사실 스노우피크가 제공하고 있는 캠프와 사우나는 그 체험 가치가 매우 닮았습니다. 자연 속에 들어가 자신의 따뜻한 본성을 되살리고 모닥불에 둘러앉아 함께하는 사람들과 관계가 깊어지는 캠프, 그리고 사우나실에서 육체와 정신을 되살리고 사우나 식사를 같이 먹으며 인연을 돈독히 쌓아 가는 사우나, 정말 닮지 않았나요? 이런 좋은 점을 언제나 기억하며 캠프×사우나에서 최고의 시간을 보낼 수 있도록 텐트 사우나 개발에 힘쓰고 있습니다.

사우나 명소

업무상 캠프촌에서 직원과 함께 텐트 사우나에 들어갈 때가 많다. 나는 타투를 했기 때문에 타투를 해도 들어갈 수 있는 장소인가도 선택기준이다.

1. 반세온센 (홋카이도 · 다이키마치)

https://www.town.taiki.hokkaido.jp/soshiki/kikaku/shoko/bansei_onsen.html

요오드 이온을 고농도로 포함한 전국에서도 귀한 요오드 온천으로 피부에도 좋다. 온천에서 보이는 태평양의 웅대한 경관도 훌륭하고 사우나 후의 외기욕도 최고다.

2. 캠프촌에서의 텐트 사우나

캠프촌에서 직원과 텐트 사우나에 들어가는 건 최고로 행복한 시간이다. 장작가마를 둘러싸고 열띤 이야기와 농담을 반복하다가 맨 나중에는 역시 '모닥불과 사우나는 닮았다'는 결론으로 화기애애하게 마친다.

3. 신주쿠 천연온천 테루마유 (도쿄도 · 신주쿠)

https://thermae-yu.jp

신주쿠역에서 도보로 9분 거리에 위치해 번화가에서도 이용하기 편한 장소다. 사우나와 냉수욕탕, 외기욕도 잘 구성되어 있다. 패션 타투를 했어도 시설을 이용할 수 있다는 것도 체크포인트다.

제 4 장

목적별, 이럴 때 이런 방법으로 들어간다

01

—

잠에서 깨고 싶은
아침 사우나는 1~2세트,
잠들고 싶은
저녁 사우나는 3세트

뇌를 확 깨우고 싶은 아침은 기본적으로 1~2세트다. 이에 비해 뇌를 맑게 하긴 해도 조금 지나면 잠들고 싶어지는 밤은 3~4세트가 기본이다. 각각에 관해 내가 어떻게 사우나에 들어가는지 소개한다.

[아침 사우나] 탕 속에서 전신욕 1분(겨울의 경우. 여름은 샤워로)

→ 사우나 5분(맥박 110/분까지) → 냉수욕탕 10초

→ 찬물보다 조금은 미지근한 온도로 샤워 후

종료(외기욕 없음)

그런 다음에 맛있는 커피를 마시고 일하러 출발한다. 이렇게 하면 머리가 맑고 가볍게 느껴진다. 아침 사우나를 하면 낮 동안 쾌적한 느낌이 평소보다 더 강하고 피로가 줄어든다는 보고까지 있으므로 아침 사우나를 정말로 해보길 바란다.[39]

맨 처음에 탕 속에 들어가는 이유가 특별히 있는 건 아니다. 그러는 편이 사우나에 들어갔을 때 기분 좋게 느껴지기 때문이다. 이처럼 사람에 따라 계절에 따라 다르므로 자유롭게 시도해 보길 바란다.

그리고 사우나는 평소보다 짧게 하고 냉수욕탕은 몸 표면을 살짝 식히는 정도로 한다. 외기욕은 하지 않는다. 왜냐하면 평소처럼 해서 몸에 부하가 커지면 교감 신경과 부교감 신경의 교차가 커져서 사우나가 끝난 후 부교감 신경이 급상승해 버리기 때문이다. 그렇게 되면 이미 여러분도 알겠지만 **신체 말단의 혈류가 좋아져 발끝이 따끈따끈해지고 DPG**(심부 체온과 신체 말단 간의 온도 차)**가 커져 졸리게 된다.**

날씨가 좋은 날이나 내가 좋아하는 계절, 장소라면 외기욕을 조금 할 때도 있다. 사우나에 종종 들어가는 사람은 2세트를 해도 좋지만 익숙하지 않은 사람은 부하가 걸리기 쉬우므로 1세트를 하는 게 좋다.

[밤 사우나]　탕 속에서 전신욕 2분(겨울의 경우. 여름은 샤워)
　　　　　　　→ 사우나 7분(맥박120~130/분까지) → 냉수욕
　　　　　　　탕 1분 → 외기욕 5~10분 → 수분 섭취

이것을 3~4세트 한다. 몸에 큰 부하를 걸어서 교감 신경과 부교감 신경의 차이를 키우고 DPG도 커지므로 푹 잘 수 있다.

02

시차 때문에 멍할 때 우선순위를 정해야 사우나 활용법도 정해진다

해외 출장이 많은 비즈니스맨에게는 시차 부적응도 이겨 내야 할 과제 중 하나다. 제품을 발주한 공장을 시찰하고 현지 트렌드를 체크하며 계약서에 도장을 찍기 위해 교섭하고……. 업무 압박만으로도 충분히 녹초가 될 지경인데 여기에 시차 때문에 몸이 그야말로 파김치다. 그래도 어찌어찌해서 일을 잘 마치고 귀국하면 또다시 시차 때문에 내 몸이 내 몸 같지가 않다. 이럴 땐 정말 '어떻게 하든 멍한 머리를 빨리 깨우고 싶다'가 인생 최대의 목표처럼 자리 잡는다.

DPG를 이용하면 언제든지 잘 수 있다

그럴 때는 사우나에 가자. 시차 때문에 생체시계의 리듬이 깨졌기 때문에 머리가 멍한 것인데 사우나는 생체시계와는 다른 차원으로 심신을 되살려 준다.

하는 방법은 역시 DPG 컨트롤에 있다. **DPG는 생체시계와 관련 없이 작동시킬 수 있으므로 자고 싶은 타이밍에 사우나를 하면 푹 잘 수 있다.** 게다가 한 번 DPG가 확대되면 생체시계 쪽으로도 파급력이 미치므로 시차 부적응이 깔끔하게 해소된다.

하지만 귀국해도 사우나 → 깊은 수면이 불가능할 때도 있을 것이다. 그래서 각각 '자고 싶을 때'와 '깨어 있고 싶을 때' 하면 효과 만점인 사우나법을 소개하겠다.

[자고 싶을 때]　4~5세트

[깨어 있고 싶을 때]　1세트(가볍게)

자고 싶을 때는 평소보다 좀 많게 4~5세트를 하면 좋다. DPG 확대가 촉진되어 푹 잘 수 있다.

깨어 있고 싶을 때는 인체 내부를 강하게 반응시키는 게 아니라 가벼운 자극을 주는 정도가 좋으므로 가볍게 1세트를 한다. 냉수욕탕은 피부 표면을 식히는 정도로 10초면 충분하다.

03

철야로 밤샌 날은
사우나에 들어가 깊은 수면을

언제나 바쁜 비즈니스맨은 밤을 새워 일할 때도 많을 것이다. 철야까지는 아니더라도 수면 부족은 이미 일상이 된 지 오래일 것이고. 그럴 때야말로 사우나를 하면 깊게 푹 잘 수 있으니 꼭 해보길 바란다.

물론 의식이 몽롱하고 발걸음이 휘청거릴 정도라면 사우나는 절대 안 된다. 넘어지거나 사우나실 안에서 잠이라도 들면 큰일이기 때문이다.

하지만 졸렸던 상태가 한차례 지나가고 말똥말똥해진 상태라면 사우나는 매우 효과적이다. 되살아나기 쉬운 조건이 이미 갖춰졌기 때문에 더할 나위 없이 좋다. 3~5세트를 제대로 확실히 하자.

여러분 중엔 '사우나를 굳이 안 해도 철야를 했으니까 충분히 졸릴 텐데?'라고 생각할지도 모른다. 그러나 생체시계가 엉망이 됐기 때문에 잠을 잔다 해도 수면의 질이 떨어진다. 당신이 철야를 했든 말든 인체는 '지금은 아침'이라고 여겨서 활동하려고 준비하기 때문에 심부 체온은 오르고 DPG는 커지지 않는다. 이 때문에 얕은 잠을 자게 된다.

기왕이면 뇌의 재충전과 HSP에 의한 조직 재생도 가능하니 심부 체온이 38도에 다다르도록 3~5세트를 권한다.

철야를 했어도 잠이 들면 안 될 때는 1세트 + 1시간의 토끼잠

철야를 했음에도 일을 계속해야 한다면 과감히 사우나에 가서 가볍게 토끼잠을 자자. 재빠르게 1세트를 한 뒤 잠깐 한 시간 정도 잠을 잔다. 그러려면 휴게실이 있는 사우나 시설이 좋겠다. 이런 곳은 이른 아침부터 영업하기도 하고 잠깐 이용하느니만큼 할인 요금 코스를 마련해 두기도 한다.

나고야의 후쿠오카에 있는 웰비는 24시간 영업을 하고 이른 아침에는 1시간에 1,000엔으로 이용 가능한 코스가 있다. 캡슐 호텔도 함께 운영하고 있으므로 출장을 갔을 때도 편리하다.

'프레젠테이션 직전', '나는 이미 녹초', '미용 목적' 등 케이스에 따른 사우나 활용법

케이스 ①

아침 첫 스케줄로 중요한 프레젠테이션이 있다

→ 직전에 1~2세트

순간적으로 비즈니스 수행력을 올리고 싶으면 그 일 직전에 사우나에 가자. DMN의 과활동이 억제되어 뇌의 각성도가 올라 쉽게 몰입에 들어가기 때문이다. 단, 3~4세트 들어가면 졸릴 수 있으므로 가볍게 1~2세트로 마무리하자.

케이스 ②

몸도 머리도 이미 녹초 → 취침 4시간 전에 3~4세트

내일도 제 컨디션을 유지하고 싶다면 밤에 제대로 된 사우나를 하는 게 좋겠다. HSP는 나오고 나서 4시간 후에 최대치를 기록한다. 따라서 그때 잠들면 세포 재생이 원활하게 진행되어 다음 날에도 가뿐한 컨디션으로 출근할 수 있다.

 식사는 반드시 사우나 후에 하자. 사우나 전에 식사를 하면 사우나에 들어갔을 때 교감 신경이 우위에 서게 되어 소화가 안 되고 기분이 나빠지는 경우가 있다. (부교감 신경이 소화활동을 관장하기 때문에 교감 신경이 우위가 되면 소화가 잘 안 된다.)

(예) 19시 : 사우나 개시(사전에 입욕을 2분간 추가해서 체온 상승

효과를 보조해도 좋다)

21시 : 사우나에서 식사

24시 : 취침

케이스 ③

좋은 첫인상으로 만나고 싶다(미용 효과)

→ 밤, 습식 사우나를 3~4세트

사우나의 종류는 본인이 좋은 것으로 골라도 상관없는데 미용 목적일 때는 될 수 있으면 70도 이상인 사우나를 고르면 좋다. 제3장 '탕욕과 사우나는 닮았지만 다르다'에서 제시한 '얼굴 피부 온도의 변화' 표를 보면 알 수 있듯이, 저온의 사우나와 암반욕은 그리 추천하지 않는다. 또한 고온에서 피부의 HSP는 금세 대량으로 나타나므로 사우나 후에는 보습을 반드시 해서 재생을 도와주자. 그리고 몸에 좋은 사우나 식사를 먹고 될 수 있으면 늦게 자지 말자.

05

오랫동안 책상에 앉아 피곤할 때는 '사마지'가 효과적

어깨 결림, 허리 통증, 눈의 피로 등 책상에 오래 앉아 일하느라 육체 피로가 쌓여 있는 비즈니스맨을 위해 사우나실에서 할 수 있는 마사지를 고안했다. 이름하여 '사마지'다.

사마지가 대단한 점은 간단히 말해 어쨌든 효과가 크다는 점이다. 몸이 따뜻해진 상태에서 마사지를 하면 '근육이 풀어지기 때문에 당연히 효과가 있겠지'라고 생각할지 모르겠다. 확실히 입욕 후에 하는 마사지에는 그러한 측면이 있다.

....

* 사마지 : 원서는 '맛사우지'이지만 사우나＋마사지 의미로 한 글자씩 따서 '사마지'라고 표현했다._역주

하지만 사마지에는 그런 것만 있는 게 아니다. **오로지 사우나이기 때문에 얻을 수 있는 뇌의 변화가 사마지의 효과를 비약적으로 높이기 때문이다.**

나는 암 유전자 검사를 전문으로 하는 의사인데 약을 쓰지 않는 치료법 연구도 하고 있다. 약 이외의 방법으로 암환자의 고통을 완화할 순 없을까 고민하며 연구하다가 알아낸 것이 침술치료다. (지금은 일본 침술치료표준화학회의 대표이사도 맡고 있다.)

침술치료에 대해 여러분은 신기하면서도 의심스럽기도 하다고 생각하고 있을지 모르겠으나 결코 비과학적이지 않으며 인체의 원리를 활용한 신경생리학적인 접근법이다. 이것은 인체의 지압점에 자극을 줘서 하행성 억제(뇌가 근육을 느슨하게 하라는 명령을 내리는 것)를 일으켜 근육을 이완시킨다.

좀 더 자세히 알고 싶어서 조사한 적이 있는데 일본에 몇 명 없는 신의 손이라 불리는 침뜸 전문가가 처치를 하면 정말로 높은 진통 효과가 있었다. 환부를 직접 자극하지 않았는데도 말이다.

'사마지'는 뇌에 작용해 고통을 줄인다

그 이유를 찾기 위해 150여 명을 대상으로 MEG로 뇌를 측정한 결과 매우 흥미로운 사실을 알아냈다. 이 최신 연구 결과를 지금 논문으로 정리하고 있다.

실험 전에는 틀림없이 통증이 있는 부분에 침이 직접 관여해 작용하게 하는 게 아닐까 생각했었는데 알고 보니 실제로는 '고통의 조절 영역'에 작용했다.

통증은 기억이나 감정 등 다양한 것과 합해져서 반응이 나타난다. 예를 들면 어린아이에게 주사를 놓으려 할 때를 생각해 보자. 대성통곡을 하며 울 때 주사를 놓으면 아이는 더 아프게 느끼지만 딴 데 정신이 팔리게 해서 그 틈에 놓으면 그렇게 아프게 느끼지 않는다.

침술도 이와 같아서 다양한 정보를 종합해 반응이 나타나기 때문에 원래부터 효과가 좋은 사람과 그리 좋지 않은 사람이 존재한다.

이런 다양한 정보를 종합하는 장소가 마루연합영역이라는 부분이고, 깜짝 놀란 것은 침술치료로 통증이 누그러진 경우와 사우나를 한 경우에서 이 부분의 뇌 변화가 유사했다. 또

한 사우나 후에 실시한 침술치료에 엄청난 효과가 있었다. 이에 관해 더욱 연구해 자세한 과정과 연관성을 알아내려 하는 중인데 일단 이런 점을 응용해 고안한 것이 사마지다.

여기서는 거의 대부분의 사람이 뻐근하게 느끼는 '어깨 결림', '거북목 통증', '눈의 피로', '허리 통증'의 대처법을 소개하겠다. 지압점과 관계없는 부분을 문질러 푸는 것은 일시적으로 통증 억제물질이 나와서 마비시킬 뿐이라 근본적인 해결이 되지 않는다. 오히려 이제부터 소개하는 각각의 부위를 마사지하는 게 훨씬 효과적이다. 이 마사지는 '호쿠토 침뜸원'의 사카구치 토모아키 선생의 협조를 바탕으로 작성했다.

사마지 '어깨 결림'

대흉근과 팔꿈치 주변에는 어깨 결림과 관련된 혈자리가 모여 있다. 심호흡을 하면서 편안하게 실행하자.

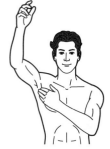

① 아픈 쪽 어깨를 올리고 반대쪽 손으로 대흉근 (가슴이나 겨드랑이의 아래 부근)을 꾸욱 움켜쥔다. 그렇게 하면서 시원하게 느껴지는 부분을 찾는다.

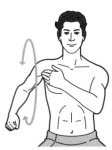

② 시원하게 느껴지는 부분을 계속 누르면서 어깨 전체를 뒤쪽으로 천천히 돌린다. 팔을 돌리는 게 아니라 견갑골을 통째로 돌리는 이미지다. 회전이 부드러워지면 이번에는 앞쪽으로 돌린다.

③ 손바닥을 위로 향하게 하고 손목에서부터 팔꿈치 주변까지 팔 전체를 반대쪽 손으로 감싸쥐고 마사지한다. 팔꿈치 주변에는 어깨 결림과 연관된 혈자리가 모여 있으므로 실제로 어깨 결림을 푸는 데 효과적이다. 둥글둥글 문지르는 게 아니라 가볍게 살짝 누르는 정도로 하면 된다.

사마지 '거북목 통증'

친구와 둘이 있을 때는 이것을 하자. 머리의 무게를 지탱하는 목을 풀어 줘서 보다 직접적인
효과를 발휘한다.

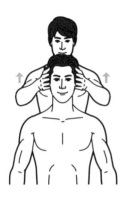

① 상대방에게 자신의 머리를 지탱해 달라
하고 목을 똑바로 세운다. 이때 상대방에
게 머리를 기대는 게 아니라 가볍게 위쪽
으로 쭉 올려 머리를 곧추세운 상태다.

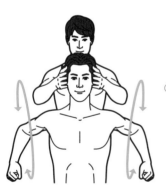

② 머리가 지탱된 상태에서 양 어깨를 천천
히 앞으로 돌린다. 어깨 주변이 풀린 것
같으면 뒤쪽으로도 똑같이 돌린다.

사마지 '눈의 피로'

흔히 먼 거리에 있는 게 잘 안 보이면 목을 앞으로 쭉 내밀 듯이 머리의 후두부와 눈은 연동해 움직인다. 따라서 목을 풀어 주면 눈의 피로가 풀린다.

① 눈 주변(관자놀이, 눈앞머리, 미간, 아래 눈꺼풀)을 부드럽게 마사지한다.

② 목의 뒷부분, 즉 목덜미에서 머리카락이 난 부분(조금은 봉긋하게 솟아 있어서 누르면 아프면서도 시원한 부분)을 마사지한다. 엄지손가락을 써서 작은 동그라미를 그리듯이 지그시 누르며 마사지한다. 뒷목이 당길 때도 효과적이다.

사마지 '허리 통증'

종아리를 문지르거나 발가락 사이사이를 넓히면 허리 통증이 개선된다. 사우나에 갈 수 있는 정도의 심하지 않은 살짝 삐끗한 허리 통증에도 잘 듣는다.

① 종아리를 마사지한다. 둥글둥글 돌리며 누르는 게 아니라 부드럽게 어루만지는 이미지다.

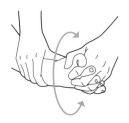

② 발가락 사이사이에 손가락을 하나씩 끼우는데 발가락 근육이 발등 쪽으로 휘어 확 펼쳐지도록 손가락을 깊게 집어넣는다. 그 상태로 천천히 빙글빙글 돌린다.

06

숙취일 때
사우나에 들어가도 되는지는
손등의 혈관으로 판단

'사우나를 하면 알코올이 빠진다'라며 술 마신 다음 날 한계까지 땀을 내는 사람이 있는데 정말로 위험하다. 확실하게 말해 두지만 땀을 내도 알코올은 빠지지 않는다.

숙취라는 것은 혈액 속에 아세트알데히드(알코올의 대사물질)가 남아 있는 상태를 말한다. 이 아세트알데히드는 땀으로 나오기 힘든 성질이기 때문에 사우나에 들어가도 사라지지 않는다.

술을 마시면 화장실도 자주 갈 텐데 물처럼 연한 소변이 많이도 나온다. 이것은 알코올 때문에 소변의 '재흡수'가 막혀서 그렇다.

평소에 소변은 신장 속 길을 지나가면서 서서히 농축된다. 생명 유지에 소중한 수분이 이 길을 지나며 재흡수되므로 소변은 진한 상태가 되고 최종적으로 몸 밖으로 나온다. 그런데 알코올을 마시면 수분 재흡수가 방해되기 때문에 그대로 소변과 함께 나와 버리고 몸은 탈수 상태가 되고 만다.

그런 상태에서 사우나실에 들어가서 땀을 내면 어떻게 될까? 탈수가 더욱 진행되니 당연히 위험하지 않겠는가.

그럼 어떻게 해야 할까. 물을 계속 마시면서 기다리는 것이다. 기본적으로 그것 말고는 할 게 없다. 몸에 알코올이 남아 있으면 물을 마셔도 거의 재흡수되지 않기 때문에 연한 소변이 계속 나올 것이다. 간에서 알코올이 대사될 때까지 기다리는 수밖에 다른 방법은 없다.

그러므로 **숙취일 때는 기본적으로는 사우나에 들어가지 않는 편이 안전하다.** 특히 기분이 매우 안 좋고 머리가 아픈 경우는 절대로 들어가지 말자. 사우나에 들어가면 일시적으로 감각이 마비되어 괜찮아진 것처럼 느껴질 수 있지만 나중에 악화될 가능성이 크다.

그런데 조금 고민되는 점은 숙취 정도가 가벼운 경우다. 여러분도 '몸이 개운하지는 않지만 그렇다고 기분이 안 좋은 것도 아니고'라거나 '두통이 엄청 심했지만 지금은 꽤 좋아졌다' 같은 경우라면 들어가도 괜찮지 않을까 생각할 것이다.

그래서 사우나에 들어가도 괜찮은지 판단할 수 있는 간단한 방법을 소개한다.

[방법] 의자에 앉고 자세를 똑바로 한다. 손을 무릎 위에 올리고 손등의 혈관을 본다.

[판단
결과] 혈관이 평소보다 평평해진 것 같다 → 들어가지 않는 게 좋다.

혈관이 평소와 같고 올록볼록하다 → 들어가도 괜찮다.

손의 혈관을 보고서 탈수인지 아닌지를 체크할 수 있다. **탈수됐을 때는 손의 혈관이 평평해지기 때문**이다. 혈관 색도 눈에 띄지 않게 되는데, 색보다는 올록볼록한 정도로 판단하길 바란다.

그러나 혈관의 볼록한 정도는 개인차가 크기 때문에 언제나 자신의 상태를 파악해 두고 평상시와 비교하길 바란다. 다만 체크할 때 손을 위로 올리면 혈관은 반드시 평평해지므로 꼭 무릎 위에 올려둔 상태에서 확인하자.

이 탈수 체크는 간단하게 할 수 있으므로 사우나 전에만 할 게 아니라 컨디션이 신경 쓰일 땐 언제라도 자신의 몸 상태를 파악하기 위해 해보길 바란다.

07

오랜만의 근육통!
얼음찜질 → 사우나로 즉시 회복

'오랫동안 가만있었더니 운동 부족이야. 오늘은 몸 좀 움직여 볼까' 해서 휴일에 조깅이나 수영을 했더니 오히려 근육통으로 끙끙거린 적이 있을 것이다. 혹은 거래처들을 관리하느라 무리했는지 발이 너무 아플 때도 있겠다. 이럴 때도 사우나가 좋다.

몸을 너무 써서 통증이 생겼을 때 그 근육은 염증을 일으킨 상태다. 이해를 위해 비유하자면 근조직이 짤막하게 끊어져 상처가 난 것이다. 그리고 염증이 일어나면 주변까지 퍼진다.

또 염증이 일어나면 산소와 영양소를 소비하고 저산소 상태가 되어 손상된 부분은 마치 질식 상태처럼 된다. 따라서 방치

할수록 회복이 늦어지기 때문에 무엇보다 염증이 퍼지지 않

도록 하는 게 중요하다.

그러므로 제일 먼저 할 일은 염증 확산을 멈추게 하는 것이

고, 그런 다음에 회복을 노려야 하는데 구체적으로 **얼음찜질 →**

사우나 순서로 하면 효율적으로 회복시킬 수 있다.

얼음찜질로 염증 조직의 '확산'을 막는다

근육통에 제일 먼저 얼음찜질을 한다. 얼음찜질을 하면 온도

가 내려가 염증 세포의 활동이 떨어지고 염증 부위를 최소화

할 수 있으므로 치료 경과가 빨라진다. 또 혈류를 떨어뜨려 신

경 전달이 방해되므로 통증도 완화된다.

이렇게 해서 염증의 확산을 저지한 다음에는 사우나 차례다.

사우나에 들어가면 혈류가 증가해 세포에 영양을 많이 전달

할 수 있고 HSP도 나오기 때문에 손상된 세포의 회복이 빨라

진다.

구체적으로는 다음과 같은 방법을 권한다.

① 얼음찜질을 한다 → 보냉제나 얼음을 수건에 감싸서

10~15분 정도 손상 부위에 올려놓는다(차가움이나 통증 같은 감각이 사라질 때까지).

② 시간 간격을 좀 두면서 상태를 체크한다 → 다음과 같은 반응이 없으면 사우나에 들어간다.

- 통증은 없나?
- 붓지는 않았나?
- 열감은 없나?
- 빨갛지는 않은가?

③ 사우나에 들어간다 → 3~4세트

얼음찜질은 근육 피로도가 높은 운동선수들도 자주 하는 일반적인 방법이다. 여기에 사우나를 결합하면 훨씬 효율적으로 회복해 건강한 신체로 돌아갈 수 있다.

사우나 마니아에게 듣는다! 04

이카리아 주식회사 대표이사 사장 · CEO

오노세 류이치 (28)

미쓰비시 상사에서 선박 파이낸스 관련 일을 하면서 겸업으로 전국적 규모의 민박 사업을 했었다. 나고야대학에서 시작해 '평생 다닐 수 있는 회사 실현'을 내걸고 2018년에 이카리아 주식회사를 창업했다. 이 회사는 일본이 자랑하는 소재력을 십분 활용해 생체분자를 포착하고 AI(인공지능)를 융합해 의료에 응용하는 기술을 연구하는 벤처다. 겨우 소변 한 방울에서 고정밀도로 암을 조기 발견하는 검사를 개발했다.

사우나에서 시야를 넓게 하고 큰 뜻을 되살린다

사우나에 들어가면 심신이 완전히 리셋되어 사고가 명징해지고 긍정적이 되기 때문에 뭔가 일이 잘 풀리지 않을 때나 지쳤을 때 갑니다. 가면 기분이 확실히 전환되지요. 특히 스타트업 시절은 날마다 세상 풍파에 시달리던 때라 눈앞의 불을 끄는 데 온 정신이 팔려 내 길을 잃기 일쑤였습니다.

하지만 한번 사우나에 들어가면 그 모든 것에서 해방되어 사고를 재정비할 수 있었습니다. 바깥세상이 돌아가는 판세를 곰곰이 생각하고 대의를 잊지 않는 데 최적이었습니다. 사우나는 스타트업에 모든 것을 걸었던 저 같은 사람만이 아니라 다양한 업무와 정보의 파도 속에서 자기 자신을 잃기 쉬운 모든 현대인에게도 통하는 게 아닐까요?

또 업무를 진행하는 데도 도움이 되었는데 함께 사우나에 가면 처음 만난 사이라도 금세 친해지고 어려운 상담이나 새로운 대처 방안을 이야기하면 자연스럽게 긍정적인 방향으로 진행되는 일이 많았습니다. 해결해야 할 문제가 무엇이고 어떻게 하면 가장 빨리 실현할 수 있는지 서로의 생각을 나누니 시야도 넓어지고 저 자신의 도전 의식도 높아지는 것을 느낍니다.

바쁜 일상 때문에 인간관계가 소홀해지는 요즘, 잠깐이라도 세상의 떠들썩함에서 떨어져 조용한 공간에서 머리와 몸을 리셋하면서 친구와의 시간도 즐길 수 있다는 점이 사우나 유행에 한몫하고 있지 않나 생각합니다.

사우나 명소

습도와 온도가 높은 습식 사우나를 가장 좋아한다. 그다음으로 중요시하는 포인트는 냉수욕탕과 외기욕이다. 냉수욕탕은 18도 이하, 외기욕은 바깥이면서 바람이 잘 통하는 장소를 좋아한다. 더 추가한다면 사우나실은 넓고 셀프 로일리가 가능하며 냉수욕탕은 넓으면서 깊은 곳, 외기욕은 누워서 뒹굴거릴 수 있는 곳이라면 금상첨화다.

1. 게스트하우스 램프 더 사우나 (나가노현 · 노지리호)

https://lamp-guesthouse.com/sauna

야외에 있는 사우나를 빌릴 수 있기 때문에 남녀가 함께 들어갈 수 있고(수영복 착용) 셀프 로일리도 맘껏 할 수 있다. 게다가 냉수욕탕은 곁에 흐르는 작은 강물이기 때문에 겨울이면 눈이 녹은 물로도 즐길 수 있고 나가노의 자연을 만끽하면서 외기욕을 할 수 있다. 노지리호로 다이빙을 하거나 겨울에는 쌓인 눈더미로 다이빙도 할 수 있어서 자연 그대로를 체험할 수 있는 최고의 사우나다.

2. 사우나&캡슐 호텔 호쿠오 (도쿄도 · 우에노)

https://www.saunahokuou.com

사우나실의 습도가 높고 무엇보다 바람이 잘 통하는 독특한 외기욕 공간이 맘에 든다. 한가운데에 따뜻한 탕이 있어서 외기욕을 한 후 탕에 푹 들어갈 수 있어 기분이 좋다.

3. 스파 라쿠아 (도쿄도 · 고라쿠엔)

https://www.laqua.jp/spa

바깥 공간에 있는 핀란드 사우나는 셀프 로일리가 가능해 매력적이다. 또 교대로 아우프구스 서비스도 하고 있다. 사우나 후 하트랜드의 생맥주를 마실 수 있다는 점도 마음에 쏙 든다.

제 5 장

사우나를
일상생활화하는 법

01

단골 '홈 사우나'는
심신의 재충전 효과를 높인다

사우나를 일상생활화하려면 가기 쉽고 안전하게 즐길 수 있는 사우나를 찾아내는 게 최우선이다.

내가 홈 사우나를 고를 때 중점적으로 살펴봤던 항목은 다음과 같다.

- 장소(다니기 쉬운가)
- 가격(매일 갈 수 있는 정도인가)
- 고객 편의(이용 고객의 목소리 등이 반영되는가)
- 혼잡한 정도
- 사우나의 종류(나는 핀란드식을 좋아한다)

- 냉수욕탕(넓이 · 온도, 손잡이 유무)

- 외기욕의 유무

- '되살아나기' 위한 외기욕 의자의 개수와 종류

- 동선

　모든 것에 딱 맞는 100점 만점의 사우나는 없다. 이런 것에 너무 집착하느라 사우나에 가는 횟수를 줄이기보다 적당한 곳에 매일 가는 편이 건강 효과가 높을 것이다. 따라서 '**홈 사우나'는 충분하지는 않지만 낙제점도 아닌 적당한 곳이면 합격점**이다. 결국 익숙한 사우나가 가장 좋은 사우나다.

　근처에 어떤 사우나가 있는지 알고 싶을 때는 '사우나 가고 싶다'(http://sauna-ikitai.com)라는 사이트를 이용하면 편리하다. 등록되어 있는 전국 약 7천여 개의 사우나를 지역과 사우나 타입, 로일리의 유무 등 자신이 원하는 조건으로 검색할 수 있다.

익숙해지지 않는 사우나는 DMN을 사용한다

뇌를 재충전하는데도 아무래도 익숙한 사우나가 좋다. 익숙하지 않으면 인간은 약간 긴장하기 마련이라 익숙한 사우나였다면 그냥 지나칠 만한 것에도 신경 쓰고 안정되지 않는다. 그렇게 되면 DMN이 활동해 이런저런 복잡한 생각이 들기 시작해서 뇌 피로를 풀지 못한다.

—

02

최고로 '되살아나는' 이상적인 사우나란

내가 이상적으로 생각하는 사우나는 다음과 같은 곳이다.

- 혼잡하지 않다.
- 외기욕을 할 수 있는 장소가 있다(충분한 개수의 외기욕 의자가 있다).
- 사우나실, 냉수욕탕, 외기욕의 동선이 모두 열 걸음 이내에 있다.
- 사우나실 수용 인원수와 냉수욕탕, 외기욕의 수용 인원수가 맞아 떨어진다.
- 사우나실이 목적별로 2개 있다(말을 해도 되는 '커뮤니케이션

사우나'와 대화 금지인 '메디테이션 사우나'가 있는데 설계 때부터 이 점을 반영한 듯 전자는 대화가 가능하도록 한가운데에 로일리가 위치하고 이것을 둘러싸듯 좌석을 배치했다. 후자는 불빛이 어둡고 주변 사람이 보이지 않아서 신경 쓰이지 않도록 했다. 라멘가게 '이치란'처럼 1인용 부스를 만드는 것도 좋을 것 같다).

- 냉수욕탕은 깊은 곳, 얕은 곳 둘 다 있다(깊은 곳에서 맨 처음에는 머리끝까지 푹 담그고 그 뒤에 얕은 곳으로 가서 살짝 누워 있고 싶다).

- 냉수욕탕의 물 순환 장치는 사람이 있을 때는 자동 감지기로 꺼진다(날개옷이 사라지지 않도록).

- 냉수욕탕에 손잡이가 있다.

- 음용수대는 사우나실과 냉수욕탕 사이에 있다.

- 음용수대에 맛있는 소금이 놓여 있다.

- 수건은 자유롭게 사용할 수 있다.

- 벽 전체에는 드론으로 찍은 세계의 절경(360도 카메라로 찍은 영상)이 보이고 5G 기술로 그쪽에 미리 설치된 센서로 링크해 현지의 소리와 바람, 될 수 있으면 향기 등도 재현한다!

어떤가. 정말로 이런 사우나가 있으면 지금까지 경험한 적 없을 만큼 '되살아나는' 게 가능할 것 같지 않은가? 언젠가는 이렇게 된, 최고로 '되살아나는' 사우나를 만들어 보고 싶다.

03

이런 사우나는 위험하다

다니기 쉬운 사우나가 최고라 여기기 때문에 굳이 부정적인 것은 말하고 싶지 않지만 건강을 해치면 큰일이니 최소한으로 '이런 사우나라면 가지 않는 게 낫다'라 할 수 있는 기준을 기록한다.

- 건조하고 쓸데없이 뜨거운 사우나(눈도 피부도 마른다).
- 상대방을 고려하지 않는 너무 뜨거운 열파(아우프구스)를 하는 시설(화상을 입을 위험이 있다).
- 시설이 불결한 곳(감염병에 걸릴 위험이 있다).
- 마실 수 있는 음용수가 없는 곳(탈수 증상을 일으키기 쉽다).
- 냉수욕탕에 손잡이가 없는 곳(넘어지면 위험하다).

건식 사우나는 눈도 피부도 건조하게 만든다. 건식이든 습식이든 개인의 취향에 따른다고 하지만 들어간 순간에 얼굴이 건조해져서 쩍쩍 갈라질 것 같은 통증이 느껴지는 곳은 들어가지 않는 게 좋다.

열파에 신경을 써야 하는 이유는 뜨거운 증기가 위험하기도 하지만 '그 장소를 나가기 힘들다'라는 점도 있다. 일본인은 기질적으로 모두가 다 어떤 것에 열중해 있을 때 혼자만 빠져나가기를 여간 어려워한다. 또 최근은 사우나 요가를 하는 곳도 있는데 이 역시 중간에 나가기 힘들다는 단점이 있다. 무리는 금물이다. 뜨겁다 느껴지면 참지 말고 '고마웠습니다'라고 말하고 나가면 된다. 앉아 있는 위치에 따라서도 나가기 쉽고 어렵고에 차이가 있을 것이므로 처음 참가하는 이벤트라면 입구 근처나 첫째 단 등 나가기 쉬운 곳에 앉는 걸 추천한다.

불결한 시설은 더 말할 것도 없다. 기분이 좋을 리가 없다. 또한 마실 수 있는 물이 없으면 조금씩 수분을 보충하는 게 어렵다. 탈수 증상을 일으키기 쉬우니 주의가 필요하다.

냉수욕탕에서 나왔을 때 혈압은 급격하게 변하기 때문에 휘청거리기 쉽다. 그러니 미리 조심하기 위해 손잡이를 붙잡고 나오는 습관을 들이자.

04

갈 시간이 없다?
사우나에서 '회의'하고
'1차'를 하면 된다

나는 기본적으로 매일 사우나에 가고 있다. 어떻게 매일 갈 수 있는가 하면 업무 후 회식이나 미팅도 사우나에서 할 때가 많기 때문이다.

'사우나에서 미팅이라니, 뜨거워서 어떻게 한다는 거지?'라고 생각할지 모르겠는데, 그렇기 때문에 사우나 미팅이 더 좋다. 뜨겁기 때문에 주저리주저리 말하면서 길게 끌려는 사람이 한 사람도 없기 때문이다. 뭐라 하든 상관없는 의미 없는 말이 나오지 않기 때문에 쓸데없는 시간을 줄일 수 있다.

대형 인재 서비스 그룹의 연구기관인 '퍼슬 종합연구소'와 릿

쿄대학의 나카하라 준 교수가 6,000명의 비즈니스맨을 대상으로 실시한 조사에 의하면 무의미한 사내 회의로 인한 손실의 추정 합계가 1년 동안 약 67만 시간이나 된다. 그렇게 느끼게 하는 주요 요인으로는 '회의가 끝났는데도 아무것도 정해진 게 없다', '끝나는 시간이 질질 늘어진다' 등의 답변이었다. 이런 것을 보면 역시 사우나 미팅이 최고다.

우선 사우나 미팅에는 서류나 아이패드 등을 갖고 들어갈 수 없기 때문에 참가자는 모두 사전에 자료를 읽고 내용을 머리에 넣어 둬야 한다. 그러니 회의가 시작된 후 그제야 자료를 훑어보는 시간이 줄어든다. 또 나 같은 경우 미팅의 목표를 세우고 시작하기 때문에 아무것도 정해지지 않는 경우도 없다.

그리고 당연한 말이지만 사우나 안에서 미팅이 길게 늘어지면 몸이 괴롭기 때문에 10분 정도면 종료한다. 또 셀프 로일리가 가능한 시설은 그 안에서 커뮤니케이션도 가능해 서먹했던 분위기가 풀어지므로 더 권할 만하다. 언제나 정장을 한 채 만났던 사람과 맨몸인 채 극한 상태에서 무릎을 맞댄 사람은 당연히 다르고 이후로도 관계는 끈끈하게 이어진다. 그 안에선 겉을 꾸밀 심적 여유도 없기 때문에 그 사람의 본질적인 부분이 보이기도 한다. 사우나는 사람과의 거리를 줄이는 소셜 커뮤니케이션의 장이기도 하다.

하지만 사우나 미팅은 조용하게 있고 싶은 사람에게 피해를 주기 때문에 다른 사람이 없는 장소에 한정한다. 만일 다른 사람이 있는 경우는 사우나 시설에 있는 공유 사무실을 이용할 것을 권한다.

또 사우나실 안에서의 미팅은 브레인스토밍처럼 서로 의견을 내는 목적의 미팅에는 너무 뜨거워서 두뇌 사고가 잘되지 않기 때문에 맞지 않는다. 오히려 브레인스토밍 같은 것을 해야 할 때는 일단 사우나실에 들어가서 모두 다 되살아난 후에 공유 사무실이나 딸린 식당에서 사우나 식사를 하며 대화하면 좋겠다. 미팅 참가자 중에 이성이 있을 경우도 이런 방법을 취하면 문제없다.

1차 회식도 사우나에서 하면 장점이 많다. 무엇보다도 건강에 도움이 된다. 보통은 1차도 먹고 마시고, 2차도 먹고 마신 다음 3차 때는 다시 마시고선 노래방에 간다. 위도 간도 힘들어지고 체력도 수면 시간도 줄어든다.

그런데 1차를 사우나에서 하면 어떻게 될까. **우선 사우나에서**

되살아나고 2차에 가면 밥이 맛있게 느껴진다. 술도 조금 마셨을 뿐인데 금방 취하게 되고 게다가 졸음까지 오기 때문에 2차로 끝낼 때가 많다. 금전적으로도 합계 5,000엔만 있으면 사우나와 사우나 식사까지 해결할 수 있다.

참고로 나는 1차를 사우나에서 할 때 여행하는 느낌이 드는 장소를 선정한다. 가장 추천하는 곳은 도쿄의 사사즈카에 있는 마루신 스파다(남성 전용이지만……).

이곳은 '머리말'에서도 말했듯이 건물의 10층에 있고 외기욕을 하면서 대도시를 조망할 수 있는 '천공의 아지트'다. 사우나 식사는 근처 다이타바시에 있는 오키나와 타운에서 먹으면 기분까지 좋아진다. 거기엔 샤미센 악기를 라이브로 연주하는 가게가 있어서 아와모리 소주를 마시며 음악을 듣고 있으면 마치 모두 합숙이라도 하고 있는 듯한 정겨운 느낌이 든다. '얘들아~ 내일 아침 7시, 로비에서 집합이야!'라는 환청이 들릴 것만 같은 기분이 들어 정말로 즐겁다.

..

05

상대와의 관계 정도에 따라, 사우나 데이트 방법

단박에 친해지고 싶으면 아웃도어 사우나

아직은 좀 어색한 상대방과 거리감을 줄이고 싶을 때는 아웃도어 사우나가 제격이다. 아웃도어 사우나란 옥외에서 자연을 느끼면서 사우나를 즐기는 것이다. 비일상적 공간에서 서로 본질적인 부분이 드러나기 때문에 금방 친해진다.

내가 경험한 최고의 아웃도어 사우나는 한겨울의 홋카이도에서 했던 사우나다. 아는 사람의 땅을 빌리고 쿠타리 호숫가에 텐트 사우나를 치고서 했다.

텐트 사우나 안에서 지인이 갖고 온 홋카이도산 비흐타(주로 자작나무 잎이 붙은 가지를 다발로 만든 것. 미리 뜨거운 물에 담가서 부드럽게 해 두는데 이것으로 몸을 두드린다)로 몸을 탁탁 마사지 했다. 비흐타가 몸에 닿을 때마다 하얀 은백색의 세계에서 선명하고 강렬한 숲의 향기를 음미할 수 있어서 정말로 천상의 기분이었다. 사우나를 좋아하는 친구들과 로일리를 한 다음 냉수욕탕은 호수로 대체했다. 언 호수 표면에 체인톱으로 구멍을 뚫고 풍덩 뛰어들었는데 온도는 0.6도였지만 그다지 차갑게 느껴지지 않았다. 자연환경 때문에 그렇게 느꼈는지 아니면 흥분했기 때문인지 지금도 잘 모르겠지만 최고로 기분이 좋았던 것은 확실하다. 만약 당신이 데이트 중이고 상대방도 사우나를 좋아하는 사람이라면 둘 다 틀림없이 행복을 만끽할 수 있을 것이다.

미리 준비해야 할 게 많아 일반인에게 접근성이 떨어져 보이는 아웃도어 사우나지만 이벤트를 활용하면 충분히 가능하다. 2019년 여름에 오키나와에서 열린 코로나맥주 이벤트를 예로 들자면, 한여름의 오키나와 해변에서 차분한 음악을 즐기다가 석양이 물들 무렵 해변가 사우나에 들어가는 것이다. 뭔가 낭만적인 느낌이 들지 않는가.

2019년 연말에는 인기 드라마 〈사도〉와 콜라보한 스카이트리 사우나도 인기를 끌었다. 이 이벤트는 스카이트리타운 4층에 있는 실외 공간에 텐트형 사우나를 설치해 동료들과 함께 수영복 차림으로 들어가는 것이었다. 스카이트리가 눈앞에 바짝 다가온 공간에서 극상의 되살아나는 감각을 느꼈다며 호평이 자자했다.

앞으로는 '글램핑(글래머러스+캠핑의 합성어)×사우나'가 유행할지도 모르겠다. 이런 서비스를 제공하는 움직임이 여기저기 감지되고 있으니만큼 도구가 없는 사람도 부담 없이 가볍게 즐길 수 있게 될 것이다.

최근 다툼이 많아졌다면 데이트 코스로
'사우나 → 사우나 식사'

원래부터 사우나가 데이트에 알맞은 이유는 사우나에 들어간 뒤엔 평화로운 기분이 되어 다투는 일이 일단 없어지기 때문이다. 평소라면 좀 거슬리던 상대방의 말이나 행동도 '그러려니' 하며 그냥 흘려버리게 된다. 자신만이 아니라 상대방도 그렇게 되기 때문에 정말로 싸움이 되지 않는다. 게다가 밥이 더 맛있게 느껴지기 때문에 데이트 그 자체가 즐거워진다.

사우나 식사는 될 수 있으면 사우나를 나온 직후에 먹기를 권한다. 시간이 너무 경과하면 사우나에서 얻은 그 독특한 편안한 마음이 감소해 버리기 때문이다. 사우나 시설에 식당이 함께 있으면 거기서 먹어도 좋고 만일 밖으로 나온다면 될 수 있으면 도보 10분 정도로 갈 수 있는 곳이 좋겠다. 시설 밖에서 식사를 할 경우는 예약을 해 둬서 그 시간에 맞춰 사우나에 들어가게 준비하자.

사우나 그 자체를 둘이서 즐기고 싶을 때는 도시마엔 근처에 있는 '니와노유'를 권한다. 이곳의 사우나는 수영복을 입고서 남녀가 함께 들어갈 수 있다.

도파민 중독이 되는
사우나 의존증에 주의

사우나에 너무 빠져서 사우나에 의한 자극을 과도하게 추구하다 보면 '사우나 의존증'이 생길 경우가 있다.

세상에 존재하는 의존증 중에 유명한 것이 도박 의존증일 것이다. 내기에서 이기면 도파민이라는 쾌락 물질이 분비되고 그 쾌락을 또 얻기 위해 계속하다가 도박에서 헤어 나오지 못하는 증상인데, 사우나를 잘못된 방법으로 하게 되면 도박 의존증처럼 자신도 어떻게 할 수 없는 지경에 이른다.

사우나 의존증이 되는 원리는 다음과 같다.

지금까지 설명했듯이 인간은 위험한 사태에 맞닥뜨리면 그 상황에서 벗어나기 위해 교감 신경이 활성화하고 근육과 혈관이 이에 반응한다. 예를 들면 화재 현장에서 괴력이 솟는 것은 교감 신경이 활성화된 결과 평소에는 불가능한 힘이 나오기 때문이다.

이렇게 교감 신경이 활성화되어 있을 때는 심신을 흥분 상태로 이끄는 아드레날린이 분비된다. 아드레날린은 어느 정도 재고가 있긴 하지만 워낙 일시적인 것이라 많이 나오면 결국은 고갈되고 텅 빈 아드레날린을 채우기 위해 인체는 그 생산 시설을 가동해야 하는데 원료가 도파민이다.

도파민은 의욕, 기억, 학습, 행동, 인식, 주의 등에 영향을 주는 뇌의 신경전달물질로 원래는 어떤 것을 완수해 성취감을 느끼면 분비된다. 그렇기 때문에 도파민의 분비량이 정상이고 안정되어 있으면 세상과 사물에 대한 의욕이 잘 유지된다.

하지만 **도파민이 과도하게 분비되면 오히려 효능이 떨어져 도파민에 대한 민감성이 둔해지고 더 많은 도파민이 분비되지 않으면 쾌락을 느낄 수 없게 된다.** 이 때문에 의존성이 생기는 것이다.

물론 쾌락을 느껴서 사우나에 미쳐도 문제가 되지는 않을 것이다. 매일 들어가면 좋을 것밖에 없고 매일 들어가면 건강 효과도 높아지기 때문이다.

사우나에서 과도한 자극을 추구해서는 안 된다

여기서 문제가 되는 것은 짧은 시간에 과도한 쾌락을 추구하는 것이다. 지금까지 소개한 사우나를 하는 올바른 방법대로 하면 걱정 없지만 온도를 위로 아래로 함부로 어지럽혀서 아드레날린을 고갈시키고 과도하게 도파민이 분비되게 하면 의존증에 빠지고 만다.

그렇게 되면 도파민을 내보내는 신경 세포가 게으름을 피우게 되어 평소처럼 착실하게 일하지 않고 사우나를 통해 손쉽게 방출되기를 기다린다. 그렇기 때문에 일상생활에 의욕이 떨어지고 사우나에 들어가지 않으면 신경질적이 되거나 안절부절못하게 되는 것이다.

이러한 사우나 의존을 예방하기 위해서는 사우나를 하는 올바른 방법을 알고 실천하는 게 중요하다. 예를 들면 사우나실을 나오는 기준인 '맥박이 평소의 2배'라는 것은 가벼운 조깅을 한 정도의 맥박이다. 교감 신경을 활성화할 때 그 정도의 자극이면 충분하다는 뜻이다.

그럼에도 불구하고 누가 누가 오래 있나 대회처럼 한계까지 버틴다거나, 냉수욕탕에 들어가기 전에 다시금 뜨거운 샤워를 한다거나, 하한인 16도를 크게 밑도는 냉수욕탕에 오랫동안 들어가 있다거나, 일부러 날개옷이 생기기 어려운 냉수욕탕에 들어간다거나, 10세트 가깝게 반복하면서 강한 자극을 추구하면 도파민의 민감성이 점점 둔해져서 더욱 강한 자극을 추구하게 되는 악순환에 빠지고 만다.

사우나에 들어가는 것은 지금 하는 일의 효율을 높이기 위해서이고 건강 효과를 얻기 위해서다. 해가 되는 위험한 사우나는 반드시 그만둬야 한다.

고야잔 고소인 주지스님

히다카 젠보 (47)

도쿄대학 법학부 졸업, 도쿄대학 대학원 종합문화연구과 초성문
화과학 전공박사 과정 중퇴(비교일본문화론, 미나카타 쿠마구스
연구)

불교의 명상에 대한 관심과도 통한다

사우나에 다닌 건 22살이던 학생 때부터니까 벌써 20년 이상 되었습니다. 원래 눈의 피로가 심했는데 사우나에 들어가면 개운해지는 것을 느낀 게 계기였고 이후 푹 빠졌습니다. 27살 때는 이미 라이프스타일의 일부로 자리 잡았지요. 컴퓨터로 일을 많이 했을 때는 몸의 균형을 회복시키는 데 꼭 필요했고 해외에서 귀국해 피로가 쌓였을 경우 제일 먼저 가는 곳도 사우나였습니다.

고야잔에 들어가기 전에는 거의 매일 가곤 했는데 고야잔에는 사우나가 없기 때문에 후모토에 내려왔을 때나 출장이 있을 때 등 시간이 있으면 사우나에 갑니다. 목적지에 어떤 사우나가 있는지 미리 알아보는 것도 습관이 되었습니다.

지금 생각해 보면 제가 사우나에 다니기 시작했을 때는 막 IT붐이 시작되던 시기로, 이를테면 정보화 사회를 눈앞에 두던 때였습니다. 지금 우리는 어디에서나 SNS의 타임라인을 볼 수 있는 정보화 사회의 한복판에 있고 항상 정보 과잉 상태입니다. 사우나에는 그 과잉 상태에서 심신의 균형을 회복시키는 기능이 있다고 생각합니다.

역설적이지만 이른바 '의미' 과잉 시대에서 '의미'에서 도망갈 수 있는 장소라는 것이 정보화 사회에서 사우나의 '의미'입니다. 마음챙김 유행 덕분에 불교의 명상에 관심이 모이고 있는 것과 같은 이치입니다.

사우나 명소

인체의 발한 작용을 좌우하기 때문에 사우나실의 습도는 항상 신경 쓴다. 그리고 뭐니 뭐니 해도 냉수욕탕은 사이즈가 충분해야 하고 물이 환류해서 깨끗해야 하며 온도는 17도 전후가 좋다.

1. 센가와 유케무리노사토 (도쿄도·센가와)

https://www.yukemurinosato.com/sengawa

20대 때 구가야마에 살았는데 매일 밤 편도 4km 길을 뛰어서 갔었다. 감상적인 이유로 보일지 모르지만 나의 사우나 라이프의 원점이라고 할 수 있는 장소이므로 넘버원이다.

2. 나다온센 롯코미치점 (효고현·고베시)

http://www.nadaonsen.jp/rokko_index.html

30대 초반에는 아시야에 살았는데 매일같이 갔었다. 사우나 자체는 평범하지만 냉수욕탕이 훌륭하다. 롯코산의 지하수가 언제나 풍부하게 솟아나 얼마나 기분이 좋은지 모른다. 특히 여러분에게 원천 방류수를 자랑하고 싶다. 두 사람밖에 들어가지 못하는 작은 크기지만 인공적으로 데우지 않은 25도의 원천수가 언제나 흘러서 사우나실 → 냉수욕탕 → 원천수로 완벽한 '열반 상태'에 들어간다.

제 6 장

사우나 닥터에게 듣는
Q & A

01

—

사우나에 들어가면
안 되는 사람, 안 되는 경우는?

가족 혹은 친구와 사우나를 즐기고 싶은 사람도 많을 텐데 사우나는 혹독한 환경이기에 비로소 효과가 높은 이른바 하이리스크 하이리턴 요법이다. 그러나 다음에 해당하는 사람은 리스크가 더 높기 때문에 결코 무리하지 말길 바란다.

- 심혈관계 질환이 있는 사람(고혈압, 협심증, 부정맥, 동맥류, 뇌경색 등)
- 투석 중인 사람(탈수를 일으키기 쉬움)
- 어린이(10세 이하)
- 임산부(특히 임신 초기와 말기)

- 감염병이 있는 사람

- 만취 혹은 숙취인 사람

- 알레르기가 있는 사람(아로마를 사용하는 로일리의 경우 확인 요함)

- 철분결핍성 빈혈(쓰러지지 않도록 철분을 보충하고 들어가면 OK)

- 감기에 걸린 사람

제3장에서 사우나는 심혈관계 질환의 위험을 낮춘다고 말했는데 이는 어디까지나 건강한 사람이 예방적 차원에서 들어가는 경우를 말한다. 이미 질환이 있는 사람은 반드시 주치의와 상담하자. 또 위 항목에 해당되지 않더라도 지병이 있어서 통원 중인 사람, 어떤 이상 자각 증상이 있는 사람도 의사와 상담해 주길 바란다.

어린이는 사우나의 환경에 적응할 수 없다

핀란드의 투르크대학 연구에 의하면 대상자(2~40세, 81명)가 핀란드식 사우나에 들어간 경우 5세 이하에서 1회 박출량(심장이 1회의 방출로 내보내는 혈액량)의 저하가 있었다고 한다. 또 보통은 사우나에 들어가면 상승하기 마련인 심박출량(1회 박출량×심박수)도 상승하지 않았다. 또 10세 이하에서는 수축기 혈압과 이완기 혈압 모두 떨어졌다.

이 자료는 어린이는 **자율 신경이 아직 확립되어 있지 않기 때문에 사우나 환경에 적응할 수 없음을 시사한다.**[40] 참고로 이 실험에서 사용된 사우나는 온도 70도, 상대습도는 20퍼센트의 핀란드식 사우나다. 시간은 사우나 10분 → 실온 10분이고 냉수욕탕은 고려되어 있지 않다.

정리하자면 5세 이하에게 사우나는 NG다. 6~10세는 저혈압을 일으킬 위험이 있기 때문에 권장하지 않지만 만일 꼭 이용해야 한다면 저온 사우나나 일반적인 사우나실에서 아래 단을 이용하고 오랫동안 머물지 않는 등 어른이 제대로 감독할 필요가 있다.

또 알레르기가 있는 사람이 아로마 로일리 시설을 이용하는 경우 어떤 아로마를 사용하고 있는지 체크하는 것도 중요하다.

감기에 걸렸을 때 들어가면 악화된다

감기에 걸렸을 때는 들어가지 않는 것이 좋다.

"감기 바이러스는 열에 약하니까 사우나에 들어가면 낫는다."

"땀을 많이 내니까 개운해질 것이다."

"사우나의 증기가 목에 좋을 것이다."

세상에는 이런저런 희망적인 말들이 많으나 사실을 말하자면 감기에 걸렸을 때 사우나에 들어가면 오히려 악화된다.

우선 감기 때문에 인체의 온도 감지기가 제대로 작동하지 않아 사우나의 온도가 너무 뜨거워도 알아차리지 못해서 위험하다. 덧붙여 감기를 물리치기 위해 열심히 일하는 림프구는 체온 37도 정도에서 활발한데 이는 이불을 덮는 것만으로 충분하다.

'땀을 흠뻑 내니까 개운할 것 같다'는 기분은 충분히 이해하지만 역시 착각이다. 오히려 탈수가 진행되어 위험하다.

스팀 사우나 등 온도가 높은 사우나에 들어가면 확실히 목에는 좋을지 모르겠다. 하지만 그런다고 감기가 낫지 않을뿐더러 주변 사람을 감염시킬 뿐이다.

일전에 내가 감기에 걸려 있을 때 이 실험을 위해 아무도 없는 곳에서 6세트 정도 한 적이 있었는데 결론은 악화되었다. 감기에 걸렸을 때는 사우나에 들어가지 말자.

앞에서 든 아홉 가지 항목에 해당되지 않는 경우도 자신의 컨디션을 돌아보고 '오늘은 좋지 않다'고 느껴지면 들어가지 말아야겠다는 판단을 내릴 줄 알아야 할 것이다.

또 평소와 다른 흐름으로 할 때는 신중하자. '뭐 괜찮겠지'라고 자만하지 말고 맥박을 재는 등 자신의 몸을 객관적으로 체크하자.

02

혈압이 높지만
사우나에 들어가고 싶다

160mmHg를 넘어가는 고혈압이나 혈관계 질환이 있는 사람은 위험하기 때문에 사우나를 하는 건 좋지 않다. 그렇지만 사우나와 비슷한 감각을 느껴 보고 싶다면 화온 요법을 해보길 바란다.

화온 요법이란 만성심부전에 대응하기 위한 온열 요법 중 하나로 1989년에 개발된 것인데 간단히 말하면 마일드한 사우나다. 실내를 60도로 설정한 원적외선 건식 사우나 치료실에서 15분간 전신을 따뜻하게 하고 치료실을 나온 후 30분간 안정보온을 한 뒤 땀을 낸 만큼 수분을 보충한다. '화온 요법'으로 검색하면 치료받을 수 있는 병원을 쉽게 찾을 수 있다.

150mmHg대 이하라면 몸이 익숙해지도록 천천히

150mmHg대 이하라 해도 혈압약을 먹는 사람이나 심한 두근거림 등의 증상이 있는 사람은 먼저 주치의와 상담하자. 주치의가 사우나에 들어가도 된다고 하면 **극단적인 온도 변화가 아니라 몸이 익숙해지게 천천히 하면 좋겠다.**

구체적으로는 다음과 같이 하면 된다.

① 저온 사우나(스팀이나 미스트 등)에 들어갔다가 짧은 시간 내에 나온다.

② 미지근한 물로 샤워를 한다.

③ 외기욕을 충분히 해서 몸을 진정시킨다.

익숙해지면 ②를 한 뒤에 냉수욕탕을 추가하자. 갑자기 풍덩 하고 들어가는 것은 금물이다. 크게 숨을 내뱉고 '기분 좋다~'라고 말하면서 천천히 들어가자. 그리고 맨 처음은 몇 초 정도로 짧게 하고 점차 익숙해지면 1분 정도까지 시간을 늘린다. 처음부터 '되살아남'을 체험하고 싶다고 해서 위험한 사우나를 하면 안 된다. 부디 길게 보고 안전하게 즐기자.

03
——

사우나 초보자인데
기본적인 매너를 알고 싶다

나도 '이러면 안 돼, 저러면 안 돼'라고 말하는 걸 별로 좋아하지는 않지만 초보자를 비롯해 알고 나면 더 안심되어 충만히 즐길 수 있는 사람도 있을 테니 여기서는 내가 주의하고 있는 사우나 매너를 소개하겠다.

- 사우나실에 들어가기 전에 머리와 몸을 비누로 씻는다(몸은 청결하게).
- 사우나실에 들고 들어가는 수건의 물기를 꼭 짠다(사우나실 바닥이 나 때문에 흥건해지지 않도록).
- 사우나실에서 내 땀이 튀지 않게 한다.

- 로일리를 할 경우는 "로일리를 해도 괜찮을까요?" 하고 먼저 주위 사람에게 묻는다.
- 사우나실 안에서 큰 소리로 떠들지 않는다.
- 냉수욕탕에 들어가기 전에 땀을 씻는다(될 수 있으면 물방울이 주변으로 튀지 않도록 웅크리고 앉아서 조용하게).
- 냉수욕탕에 들어가기 전에 땀을 씻는 물은 냉수욕탕의 물을 쓰지 말고 샤워를 이용한다.
- 냉수욕탕 안에서는 살살 이동한다(다른 사람의 날개옷이 사라지지 않도록).
- 외기욕 의자는 다 사용하면 다음 사람을 위해 물을 끼얹는다(청결을 유지할 수 있도록).

'사우나실에서 내 땀이 튀지 않게 한다'는 것은 당연하고 반대로 내가 그런 땀에 맞았더라도 화를 내지 않으려 하고 있다. 확실히 이런 경험을 하면 기분이 좋지는 않지만 거기서 화를 내고 흥분하면 나만 손해다. '에이, 할 수 없지 뭐' 하면서 그냥 흘려보내자.

'냉수욕탕에 들어가기 전에 땀을 씻는 물은 냉수욕탕의 물을 쓰지 않는다'는 매너라기보다는 시설에 대한 배려다. 솔직히 말해 사우나 시설 입장에서 유지비가 가장 많이 드는 것은 냉수욕탕이다. 냉수욕탕 물을 차갑게 유지하는 칠러라는 장치가 비싸기 때문이다. 그래서 냉수욕탕 물을 냉각하지 않고 수돗물을 그대로 쓰는 시설도 많다. 이런 와중에 칠러를 설치해 줬으니 시설에 '고마운' 마음을 담아 냉수욕탕의 물은 쓰지 않는 것이다. 냉수욕탕의 물을 쓰면 애써 차갑게 만든 물이 줄어들지 않겠는가.

사우나를 이용하는 다른 사람에게도 시설에도 겸허한 자세를 갖는 것이 곧 매너다.

04

매일 가자니
비용이 신경 쓰인다

사우나는 건강에도 좋고 업무 효율도 올리기 때문에 매일 가라고들 권하지만 막상 매일 가려면 '의외로 돈이 들어서 꺼려진다'는 마음이 생기는 것도 사실이다.

그 말도 틀린 말은 아닌 것이 조금 시설이 좋은 사우나라면 3,000엔 정도 한다. 하지만 미국은 7,000엔 정도 하는 곳도 있으니 일본보다 훨씬 비싸다. 일본은 상대적으로 사우나 비용이 싼 사우나 천국이다.

일본이 사우나 천국일 수 있는 이유는 예전부터 대중목욕탕 문화가 있었기 때문이다. 게다가 대중목욕탕+사우나가 결합된 형태가 이미 존재하기 때문에 싸다. 대중목욕탕에 붙어 있는 사우나를 이용한다면 목욕탕 요금(도쿄라면 470엔)+사우나 요금(주로 500엔 정도)인 1,000엔 전후로 이용할 수 있는 시설이 참 많다.

대중목욕탕 사우나에 다녀서 대중목욕탕 업계를 탄탄하게

하지만 저렴한 가격의 이면에는 '그렇기 때문에 가격을 올릴 수 없다'라는 목욕탕 업계의 괴로운 사정도 있다. 대중목욕탕이라고 하면 '가볍게 갈 수 있는 집 근처 대중탕'이라는 이미지가 있지 않은가. 싼 것이 당연하다는 인식이 있기 때문에 몇몇 건강 랜드들을 제외하면 보통은 목욕탕 가격을 올리기가 쉽지 않다.

한때 목욕탕 업계는 1조엔 정도의 매출이 있었지만 최근 10년 동안 급격하게 하락해 8,000억 엔 정도까지 축소되었다. 돈이 없기 때문에 내부를 개선하고 싶어도 할 수 없는 곳이 대부분이다. 예를 들면 이렇다. 온도가 높은 습식 사우나로 바꾸고 싶어도 자금이 부족하고 그래도 손님이 만족해야 하니 대신 히터를 설치해 온도를 높이는 것이다. 일본에 초고온 건식 사우나가 많은 이유 중 하나다.

그러므로 여러분 근처에 '그저 보통인' 대중목욕탕 사우나 밖에 없을지라도 이만큼 건강에도 좋고 업무 효율도 높이는 사우나를 놀랄 만한 합리적인 요금으로 이용할 수 있는데도 이용하지 않는 것은 정말로 아까운 일이 아닐 수 없다. 일본의 사우나는 충분히 싸고 장소도 많으니 매일 다닐 수 있는 환경은 이미 마련되어 있다. 부디 근처의 대중목욕탕 사우나를 최대한 이용해 주길 바란다.

05

더운 계절에는
어떻게 이용하는 게 좋은가?

지금까지 설명해 왔듯이 사우나의 진수는 외기욕에 있다. 외기욕에서 '아, 기분 좋다!'가 되기 때문에 당연히 되살아나는 것이다. 그래서인지 사람들은 '더운 여름은 사우나에서 나와 외기욕을 해도 뜨거운 상태가 그대로라 기분이 좋아지지 않을 거야'라고 생각하는 것 같다. 그러나 안심하자. 더운 여름에 적합한 방법도 실험을 통해 이미 확인을 마쳤다.

앞에서 말한 오키나와 코로나맥주 이벤트 이야기로 다시 돌아가 보자. 모래사장에서 라이브 음악을 들으며 아웃도어 사우나를 하자고 TTNE의 사우나 동료와 계획했을 때 여름 사우나를 하는 올바른 방법을 확인했다. 그런데 유감스럽게도 그때 나는 일정이 맞지 않아서 참가하지 못했기 때문에 여기서는 참가자들의 경험담을 기반으로 소개한다.

원래는 사우나실에 들어가서 '아, 따뜻해서 기분 좋다~'를 느끼는 순간 부교감 신경이 상승한다. 하지만 여름은 원래 덥기 때문에 사우나실에 들어가도 그런 기분 좋은 느낌이 없어서 부교감 신경이 올라가지 않는다. 그렇게 되면 사우나 후반에 교감 신경이 우위에 섰을 때 엔도르핀이 나오지 않으므로 순서를 바꿨다.

먼저 냉수욕탕에 들어간 뒤 사우나에 들어간다. 다만 10~20도의 냉수욕 온도는 자극이 좀 강할 것 같아서 경기용 수영장의 온도, 즉 수온 25도 정도로 준비했다. 그 안에서 몸이 좀 식었다고 느껴질 때 사우나실에 들어가는 것이다. 그런 다음에 17도 정도로 차가운 정식 냉수욕탕에 들어갔고 에어컨을 켠 방에서 외기욕 대신 휴식을 하게 했다. 그랬더니 '기분이 좋았다', '끝나고 밖에 나왔더니 완전 달랐다', '세상이 나를 위해 존재하는 것 같았다' 등의 감상이 쏟아졌다. **사우나의 원리원칙을 알고 있으면 어떤 계절이든 얼마든지 응용할 수 있다.** 여러분이 여름에 사우나를 할 때 기억하면 좋은 포인트를 정리해 둘 테니 여름 사우나도 충분히 즐기길 바란다.

여름에도 되살아나는 '거꾸로 사우나'

① 찬물 샤워로 몸을 차갑게 식힌다(곧바로 냉수욕탕에 들어가

  도 OK).

② 사우나실에서 몸을 따뜻하게 한다.

③ 냉수욕탕에서 몸을 식힌다.

④ 탈의실의 선풍기 앞에서 휴식한다(외기욕 대신).

06

요즘 들어 '되살아나는' 느낌이 없어져서 걱정이다

사우나에 다니는 게 익숙해지면 그 혹독한 환경에 몸이 적응해 버려 교감 신경이 활성화되기 어려워지는 경우가 있다. 그렇게 되면 결과적으로 '되살아나는' 느낌이 어정쩡해진다. 나는 이것을 '사우나 입스'라고 부른다.

해결의 실마리는 어떻게 교감 신경을 활성화할 것인가에 달렸다.

그렇다 해서 사우나실에 들어가 있는 시간을 늘려 본다거나 싱글이라고 하는 10도 미만의 냉수욕탕에 들어가는 것은 사우나 의존증을 부를 위험이 있기 때문에 바람직하지 않다.

※ 입스(yips) : 골프에서 숏 퍼팅 시 손이나 손목에 영향을 미치는 각종 불안정한 증세로 다른 스포츠 종목에서도 종종 볼 수 있다._역주

이럴 때 열파(아우프구스) 시간을 이용해 보길 추천한다. 로일리+열파로 체감 온도가 상승한데다 삿포로 니코리프레처럼 '1, 2, 사우나-'라고 모두 함께 응원하듯 큰 소리로 외치면 교감 신경이 쉽게 활성화된다.

하지만 대부분의 대중목욕탕에 있는 사우나에는 아우프구스 시간이 없으므로 그런 경우는 앞에서 소개한 '사마지'를 하면 좋다. 가볍게 몸을 움직여도 교감 신경이 활성화된다.

사우나실에서 가만있는 게 힘들어졌다면
소금맛 사탕을 먹는다

원래 사우나에 들어가면 이런저런 생각을 할 수 없게 되기 때문에 DMN의 소비가 억제되어 뇌 피로를 풀 수 있는 것이다. 그런데 사우나에 익숙해져 여유가 생기면 이런저런 생각이 들 때가 있다.

특히 다른 이용자의 '사터러시(사우나+리터러시)'에 민감해진다. 다른 사람의 세세한 동작이 매우 거슬리게 느껴지는 것이다. 예를 들면 땀을 닦는 소리, 깊은숨을 내뱉는 소리, 냉수욕탕에 난폭하게 들어와서 내 날개옷을 찢어 버리는 저 괘씸한

놈…… 등 말이다.

어쨌든 이런저런 잡념이 들어서 뇌 피로가 사라지지 않는다. 이에 대한 대처법은 간단하다. 사우나실에서 소금맛 사탕을 먹자. 물론 사우나실에서는 취식금지이므로 절대로 주변을 더럽힌다거나 쓰레기를 버리면 안 된다. 반드시 사우나 시설의 양해를 구한 후 해야 한다.

본론으로 돌아가 왜 이 방법이 좋은가 하면 **사탕을 빨아먹는 행동에 몰두할 수 있기 때문**이다. 딱히 할 일이 없어서 무료한 상태가 되면 웬만한 사람은 가만히 있는 게 힘들다. 하지만 무언가 하나라도 집중할 게 있으면 그 외의 것에는 신경이 무뎌지기 마련이기 때문이다. 사탕 중에서도 굳이 소금맛 사탕인 이유는 땀을 흘리느라 빠져나간 염분을 보충할 수 있기 때문이다.

참고로 얼음을 준비해 두는 시설이 있는데 얼음을 계속 빨아먹고 있으면 심부 체온을 올리기 어려워지므로 주의가 필요하다. 만일 필요하다면 아우프구스 시간 전에 먹는 게 가장 좋겠다.

소금맛 사탕도 안 될 경우라면 역시 '사마지'를 하자. **동작과 자신의 감각에 집중하면 잡념을 물리칠 수 있다.**

어쨌든 '되살아난다', '되살아나지 않는다'라며 안달복달할 수록 잡념이 들어 오히려 되살아나지 않게 되니 여기서 소개한 것 말고도 잡념을 떨칠 방법을 개개인이 생각해서 실행해 보길 바란다. 그렇게 해서 자신만의 방법을 추구하는 것도 재미있을 것이다.

07

사우나 후에
먹으면 좋은 음식은?

사우나 후에 먹는 식사, 이른바 '사우나 식사'는 미각이 민감해져 있으므로 특히 더 맛있게 느껴진다. 먹고 싶은 것을 먹는 게 가장 좋지만 건강 효과가 의학적으로 증명된 지중해 요리는 어떨까?

2013년에 세계에서 가장 권위 있는 의학지 〈New England Journal of Medicine〉에 실린 정보에 의하면 **지중해 요리는 뇌졸중, 심근경색, 암, 당뇨병의 위험을 줄인다.** 지중해 요리에 포함되는 식재료는 너트류, 올리브오일, 생선, 채소, 과일 등인데 만일 메뉴에 지중해식 음식이 없더라도 이것들을 적극적으로 먹도록 하자. 단, 채소(채소 중에서도 감자는 제외)와 과일은 주스나 퓨레 등으로 가공된 것은 피하는 게 좋다. 과일주스는 당뇨병

위험을 높인다고 보고되어 있다.[41]

  사우나 후는 칼로리의 흡수율이 상승해 있으므로 비만 방지 관점에서 말하자면 담백하고 산뜻한 음식도 좋다. 내가 좋아하는 것은 오키나와 요리다. 향이 강하고 조금만 먹어도 포만감이 생긴다.

물중독에 주의!

사우나에 들어가면 탈수 증상이 일어나므로 수분 공급은 매우 중요하다. 하지만 과잉으로 마시면 물중독에 빠질 위험이 있다.

  물중독은 대량으로 마신 물 때문에 혈액이 묽어져 체내의 전해질 균형이 붕괴해 일어나는 중독 증상을 말한다. 두통과 구토, 경련 등을 일으킬 수 있다. 일상생활 중에도 이런 일이 일어날 수 있는데 사우나 후에는 특히 많이 흘린 땀으로 염분을 잃은 상태이기 때문에 위험도가 커진다.

  어느 정도 마시면 위험한가 하는 명확한 기준은 없지만 단시간에 2~3리터를 마시는 것은 위험하다. 따라서 수분 공급은 사우나에 들어가 있는 때부터 조금씩 자주 마시도록 하자. 사우나 후에 다량으로 마시는 게 아니라 컵으로 2~3잔 정도다.

레몬칵테일이 맛있는 이유

사우나를 마친 후 술이 생각날 때는 레몬칵테일이나 생맥주, 핀란드 사람들이 사우나 후에 마시는 '론케로'가 최고다. 론케로는 진 베이스에 자몽을 믹스한 탄산주다. 나는 의학적 관점에서 상황에 따라 골라서 마신다.

사우나 친구와 함께 마시는 경우는 감귤맛 주류(레몬사워 같은)**가 좋을 것 같다.** 감귤 향은 교감 신경을 자극한다고 보고되어 있다.[42] 그래서 친구들과 레몬칵테일로 건배하면 레몬향+탄산+냉수가 교감 신경을 활성화시키면서 친구들과 함께하는 즐거움이 기분까지 끌어올려 행복하고 충만한 느낌이 온 가슴을 꽉 채운다. 이게 얼마나 좋은가 하면 사우나를 할 때 기분을 좋게 만드는 교감 신경 활성화의 순간을 지금 다시 느끼는 게 아닌가 할 정도다.

혼자서 천천히 릴랙스하는 시간을 갖고 싶을 때는 재스민 차나 위스키 등을 권한다. 재스민이나 라벤더, 위스키의 나무 향은 부교감 신경을 활성화한다고 한다.[43]

08

솔직히 말해 달라, 정자에 영향은 없는가?

내가 친구랑 사우나실에 있을 때 빈번히 듣는 질문이 바로 이 것이다. 사우나를 좋아하는 남성 혹은 그런 남성을 둔 배우자 도 은근 신경 쓰이는 부분이 아닐까.

사우나가 정자에 미치는 영향에 대해 조사한 연구가 몇 가 지 있다. 호주 시드니대학의 그룹이 1984년에 발표한 연구에 서 건식 사우나실(온도 85도, 상대습도 10퍼센트 이하)에 20분간 들어갔을 때 정자에 미치는 영향을 조사한 결과 정자 수가 사 우나 후 1주일 동안에 약 2/3 정도 감소했다고 발표했다. 하지 만 사우나 후 약 5주 동안에 정상으로 돌아와 10주 후에는 정 상보다도 증가했다. 정자의 형태이상도 일부 관찰됐지만 사우

나 후 6주간에 정상화되었다고 한다.[44]

또 1998년 태국의 그룹 연구에서는 80~90도 사우나에 30분, 2주간 매일 들어간 경우 사우나 직후에 정자의 이동속도 저하가 보였지만 1주 동안 정상화되어 정자 수, 양, 형태이상, 직진 운동성에는 이상이 발견되지 않았다.[45]

사우나를 포함해 정자에 영향을 미치는 일상생활 속 요인에 대한 연구에서 가장 영향이 큰 것이 '하의'였다고 한다.[46] 꽉 끼지 않는 여유 있는 하의를 입으면 정자의 형태이상이 줄어든다는 것이다. 또 사우나 항목에서 경도의 정자 형태이상이 늘었다고 보고되었는데 통계학적으로 유의미하지 않았다. 참고로 이 논문에는 이 밖에도 흥미로운 결과가 있었다.

- 휴대전화(스마트폰)를 여러 해 동안 사용하면 정자의 운동성이 떨어지고 형태이상률이 높아진다.
- 커피를 마시면 정자의 운동성이 커진다.
- 휴식을 제대로 취하면 정자의 농도가 상승한다.

이상의 결과를 종합하면 사우나가 정자에 미치는 영향은 아직 명확하지 않고 '어쩌면 형태이상과 관련될 수는 있겠다'는 정도다. 만일 영향이 있다 해도 사우나를 하지 않으면 원래로 돌아온다는 점은 확실하다. 또한 다른 생활상의 요인이 정자에 더 큰 영향을 주고 복합적으로 작용하므로 사우나를 꺼리기보다 휴대전화 사용을 줄이고 커피를 마시며 휴식을 제대로 취하고 꽉 끼지 않는 하의를 입는 것이 중요하다 할 것이다.

09

우리 집에
사우나를 만들고 싶다

집에 사우나를 설치하고 싶지만 대규모 공사를 하는 건 누구에게나 비현실적이므로 비교적 간단하게 설치할 수 있는 사우나를 몇 가지 소개한다. 뒤에 나오는 일러스트와 함께 보자.

[전화박스형 사우나]

실내에 둘 수 있긴 한데 설치할 바닥의 내하중 대책이 필요하다. 그리고 일반 가정의 표준인 100V라면 60도가량밖에 온도가 올라가지 않는다. 200V로 하면 보통의 사우나와 똑같은 열이 난다.

[접이식 덮개 사우나]

내부에 의자가 있는 접이식 덮개 속에 들어가 얼굴만 내놓고 있는 방식이다. 원적외선 방식과 스팀 방식으로 크게 분류할 수 있다. 원적외선 방식은 몸통 주변과 발끝에 열원이 있고 제품에 따라 70도 정도까지 뜨겁게 할 수 있다. 내부는 패널이므로 사용과 유지에 편리하다. 스팀 방식은 내부에 있는 스티머에서 내뿜는 뜨거운 증기로 열을 만드는 것이다. 원적외선 방식보다 뜨겁지만 증기 때문에 흠뻑 젖기 때문에 사용 후 관리가 좀 번거롭다.

[텐트 사우나]

단열성 높은 텐트 안을 장작 스토브로 데우고 사우나스톤을 달궈 로일리를 한다. 강가에서 바비큐를 하면서 사우나도 가능한 아웃도어 사우나를 즐길 수 있다. 환기를 반드시 해야 하기 때문에 발끝이 차가워지기 쉬운 반면 스토브에서 발산되는 열이 강력해서 스토브 방향은 뜨겁다. 따라서 의자에 발을 올리고 때로는 몸을 이리저리 돌려가면서 전신을 따뜻하게 하길 바란다.

[사우나 트레일러]

보통의 자동차에 연결해 사용할 수 있는 사우나 트레일러다.

내부에 장작을 쓰는 사우나 히터가 있고 로일리도 가능하다.

견인차 면허를 갖고 있으면 어디서든지 즐길 수 있다.

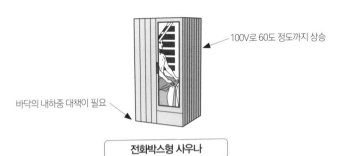

100V로 60도 정도까지 상승

바닥의 내하중 대책이 필요

전화박스형 사우나

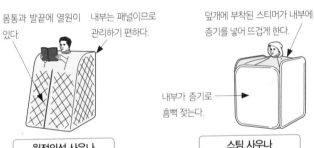

몸통과 발끝에 열원이 있다.

내부는 패널이므로 관리하기 편하다.

덮개에 부착된 스티머가 내부에 증기를 넣어 뜨겁게 한다.

내부가 증기로 흠뻑 젖는다.

원적외선 사우나

스팀 사우나

텐트 사우나 안을 장작 스토브로 데우고 로일리도 가능하다.

내부에 장작을 쓰는 사우나 히터가 있다.

환기가 필수

텐트 사우나

사우나 트레일러

주식회사 홋카이도 호텔 사장

하야시 가츠히코 (44)

캐나다 유학 후 도카치마이니치 신문사에 입사했고 주로 관광그룹 운영에 힘을 보탰다. 오비히로시 내에서 레스토랑 두 곳, 세그웨이 가이드투어 등을 하는 도가치센넨노모리의 사장을 겸직했다. 도카치 내추럴치즈, 홋카이도 가든가도협의회 회장으로도 일했다. 사우나의 매력에 빠져 자사인 홋카이도 호텔을 핀란드 방식으로 바꿔 재개장할 만큼 사우나를 좋아한다.

사우나를 싫어했던 사람이 사우나에 푹 빠지다.

예전에는 사우나도 냉수욕탕도 싫어했지만 2018년에 사우나를 다시 생각하게 되는 일이 연속적으로 일어났습니다. 친구의 소개로 타이완의 한 부호가 개인 비행기로 도가치 오비히로 공항에 왔는데, 호숫가에 별장 하나 짓고 사우나도 하고 싶다는 겁니다. 사우나는 잘 몰랐던 때니 삿포로의 사우나 마니아로 유명하고 '재생의 아버지'라고도 불리는 마츠오 히로시 씨와 함께 홋카이도 호텔 대중탕 사우나에 들어갔던 게 제 생각을 완전히 바꿔 버렸습니다.

사우나실에서 로일리를 했더니 숨이 괴롭기는커녕 시원하게 확 트이는 것 같았고 냉수욕탕에 쉽게 들어갈 수 있는 방법도 배웠습니다. 그리고 '되살아나다'가 무엇인지도 체험했습니다. 그때부터 사우나가 정말로 좋아졌습니다. 저는 여러 개의 회사를 경영하고 있기 때문에 불안과 걱정거리도 많아서 예전에는 잠을 자더라도 몇 번이나 깨곤 했는데 사우나에 다니고부터 푹 잘 수 있었고 다음 날 업무 효율이 상당히 높아졌습니다. 또 사우나를 좋아하는 사람들도 많이 알게 되어 다양한 각도에서 정보 교환도 빈번했기 때문에 플러스 발상도 늘었습니다.

2019년에는 전국에서 모인 20명이 넘는 사우나 애호가들과 함께 사우나만 방문하는 핀란드 사우나 투어를 갔다 왔습니다. 사우나의 성지인 루카와 쿠사모, 헬싱키의 유명한 사우나들을 두루 방문하고 깊은 인상을 받아서 저희 회사의 사우나를 핀란드식으로 완벽히 개조하기도 했습니다.

핀란드를 시찰하고 와서 깨달은 점은 정말 안타깝게도 아직 일본에는 제대로 된 사우나 환경이 마련되어 있지 못하다는 점이었습니다.

또 그곳 아이들은 여드름이 적었고 남녀노소 피부미인이 많았던 것에 착안해 돌아오자마자 심한 여드름을 겪는 저의 큰아들에게 사우나를 권했습니다. 그랬더니 단박에 알아볼 만큼 엄청난 개선 효과에 얼마나 놀랐는지요. 이것도 핀란드식 사우나의 큰 특징이라고 생각합니다.

사우나 성지인 루카와 쿠사모에는 숙박 시설에 둘러싸인 전통적 사우나와 근대적 사우나 두 종류가 있었고, 많은 외국인 관광객이 건강과 릴랙스를 목적으로 사우나 투어를 하는 것도 알게 되었습니다. 핀란드의 사우나 성지처럼 우리 도카치에도 사우나 투어 붐을 일으키고 싶습니다.

사우나 명소

사우나 벽이 검게 탄화된 나무벽을 좋아한다. 게다가 습도가 70%를 넘는 환경에서 셀프 로일리가 가능한 곳이 나의 이상적 사우나다. 냉수욕탕은 염소 냄새가 적은 곳을 좋아한다.

1. 숲속의 스파리조트 홋카이도 호텔 (홋카이도 · 오비히로시)

https://www.hokkaidohotel.co.jp

자화자찬일 수 있는데 절대 양보할 수 없는 고집이 담긴 우리 회사의 사우나다. 스톤, 벽, 마루 어디에든 물을 끼얹으면 수증기를 내도록 만들었기 때문에 위아래, 좌우에서 열파를 받을 수 있는 자칭 샌드위치 로일리가 가능하다. 이 때문에 땀을 내는 속도와 양을 조절할 수 있다. 또 몰 온천에서는 로일리도 가능하므로 피부가 더욱 매끈매끈해진다.

2. 가든스캐빈 삿포로 (홋카이도 · 삿포로시)

https://www.gardenscabin.com

삿포로역에서 스스키노까지의 교통이 편리하다. 이곳도 셀프 로일리가 가능하고 냉수욕탕도 염소 냄새가 없어서 만족스럽다. 노천탕에서 외기욕은 할 수 없지만 욕장 안에서 해도 충분히 되살아난다.

3. 간게츠엔 (홋카이도 · 도카치가와온센)

https://www.kangetsuen.com

사우나도 좋지만 싱글(10도 미만)에 가까운 차가운 지하수를 사용한 냉수욕탕이 일품이다. 또 연어가 강을 거슬러 올라오는 도카치가와를 바라보면서 외기욕을 할 수 있다는 점도 매력이다.

마치며

ーーーー

이제 여러분은 사우나가 어떻게 심신에 도움을 주고 업무 효율까지 높이는지 잘 알게 되었을 것이다. 이만큼 파워풀한 효과가 있는 사우나니 앞으로 인기가 더욱더 높아지지 않을까. 하지만 사우나가 하나의 문화가 되어 본격적으로 정착하기 위해서는 모두가 즐겁고 안전하게 이용하는 일이 반드시 선행돼야 한다.

그러기 위해서는 이러한 책을 통해 올바른 정보를 전달하는 동시에 안전성을 높인 인프라 구축도 필요하다. 그런데 각 사우나의 온도, 쓰러진 사람이 있을 때의 처치, 응급 수송자 수 등 안전성에 관한 정보는 파악되어 있지 않은 게 현실이다.

앞으로 내가 대표로 활동하고 있는 '일본사우나학회'(http://

www.ja.-sauna.jp)에서는 의학적 유효성에 대해 과학적 검증을 실시할 뿐만 아니라 전국의 사우나 시설에 관한 통계를 내서 현실을 파악하고 다양한 안전 대책을 취해 나갈 예정이다. 한편으로는 심플하게 '시키지(사우너의 성지로 불리는 시즈오카의 사우나)의 냉수욕탕에 들어가면 왜 기분이 좋을까?' 등 사우나 이용자라면 알고 싶은 내용도 연구해 나가고 있으니 부디 후속편을 기다려 주길 바란다.

그리고 2020년 3월 7일(사우나의 날)부터 회원 모집도 시작했다. 회원 자격은 사우나를 좋아하기만 하면 충분하다. 그것뿐이다. 부디 함께 궁금한 점은 연구하고 정보도 나누면서 사우나의 매력을 깊이 음미하면 좋겠다.

'머리말'에서도 적었듯이 나는 사우나에 다닌 지 아직 1년 반 정도밖에 되지 않았다. 하지만 겨우 이 정도인데 사우나의 매력에 완전히 빠져서 연구에 날밤을 지새웠고 일본 사우나학회의 대표이사가 되었으며 많은 사우나 친구들이 생겼고 이렇게 책까지 출판하게 되었다. 사우나가 이만큼 내 인생에 영향을 주리라고는 감히 생각도 못했다. 사우나, 정말로 대단하다고 진심으로 생각한다.

조금이라도 많은 사람들이 '되살아나다'를 느끼고 활력이 솟아나며 건강을 증진해 활기찬 나날을 보낼 수 있길 바란다.

2020년 2월

가토 야스타카

출장 나간 김에 가고 싶은 수도권 및 전국 주요 도시의 추천 사우나와 여행지에서 가고 싶은 스페셜 사우나를 소개한다. 상세한 내용은 각 홈페이지를 참조하길 바란다.

★ 출장지에서 가고 싶다~ ★

출장으로 갈 일이 많은 수도권 교토·오사카·고베·삿포로·센다이·나고야·후쿠오카의 추천 사우나. 출장지에서 시간 여유가 생기거나 마지막 열차를 놓쳤을 때 최적이다. 비즈니스 호텔이나 캡슐 호텔을 같이 운영하거나 수면실이 있는 곳도 있다.

■ 도쿄도

[신바시]

━━━ 오아시스 사우나 어스틸 (남성 전용)

https://www.oasissauna.jp

긴자 근처에서 지하철이 끊겼을 때 좋다. 건식 사우나는 자동 로일리 장치가 있고 미스트 사우나도 있다. 냉수욕탕도 깊다.

[우에노]

━━━ 사우나&캡슐 호텔 호쿠오 (남성 전용)

https://www.saunahokuou.com

신칸센을 타고 북부지역으로 출장을 떠나기 전날에 묵으면 편리하다. 노천탕과 물이 분사되는 제트탕도 완비되어 있다. 사우나는 100도를 넘는다. 외기욕 공간이 특징인 곳으로, 도심지 한가운데 빌딩 사이로 기분 좋은 바람이 불어서 낮 사우나로도 추천한다. 캡슐 호텔을 함께 운영한다.

[이케부쿠로]

▬▬▬ 타임즈 스파 · 레스타 (남녀)

http://www.timesspa-resta.jp/index.html

데이트로 갈 수 있는 스타일리시한 사우나 공간이다. 자동 로일리와 아우프구스 이벤트도 있다.

▬▬▬ 가루마루 (남성 전용)

https://karumaru.jp/ikebukuro

2019년 12월에 오픈했다. 4종류의 사우나와 냉수욕탕, 5종류의 욕탕 등 사우나왕 오타히로 씨가 심혈을 기울였다. 사우나 베테랑도 초보자도 즐길 수 있다. 캡슐과 일반 호텔을 같이 운영한다.

[신주쿠]

▬▬▬ 신주쿠 천연온천 테루마유 (남녀)

http://thermae-yu.jp

신주쿠에서 고속버스를 기다릴 때나 전철을 놓쳤을 때 이용하면 좋다. 두 종류의 사우나 외에도 천연온천과 고농도 탄산탕도 있다. 냉수욕탕은 깊지만 사우나의 크기에 비해 비교적 좁은 것이 아쉽다.

▬▬▬ 루비 팰리스 (여성 전용)

https://www.rubypalace.com

도시에서 보기 드문 여성 전용 사우나다. 로일리가 가능한 사우나와 쑥 스팀 사우나 등 4종류가 있다.

[아카사카]

▬▬▬ 사우나 리조트 오리엔탈 (남성 전용)

https://sauna-oriental.com

비즈니스 호텔 안에 있는 사우나&스파 시설이다. 냉수욕탕은 2종류가 있는데 10도 정도의 싱글까지는 아니지만 상당히 차갑다. 사우나는 건식 쪽에 가까우므로 열파 서비스를 같이 받는 걸 추천한다.

[긴시쵸]
━━━ 사우나&캡슐 뉴윙 (남성 전용)
http://spa.new-wing.com
자동 로일리와 셀프 로일리의 2종류 사우나가 있다. 냉수욕탕 옆에 그 유명한 빙수 풀이 있다. 외기욕장은 없지만 외기욕 의자가 있고 위에서 바람을 보내주는 장치가 설치되어 있다.

[헤이와지마]
━━━ 센넨온센 헤이와지마 (남녀)
https://www.heiwajima-onsen.jp
하네다 공항에 직통버스가 있다. 나리타 공항에도 하네다 직통 노선이 있으므로 심야·조조 출발 항공편을 이용하기 전 또는 직후에 좋다. 사우나 외에 천연온천, 나노 탄소천 등 다양한 탕이 있다.

[요코하마시]
━━━ 스카이스파 요코하마 (남녀)
https://skyspa.co.jp
요코하마역에서 곧바로 연결된다. 지상 14층에서 바깥을 조망할 수 있는 본격 사우 나다. 매우 작은 입자의 탄소욕탕이 특징이다. 냉수욕탕도 얼음처럼 차가워서 기분 좋게 한다. 공용 사무 공간도 있고 캡슐 호텔도 함께 운영한다.
━━━ 요코하마 미나토미라이 만요클럽 (남녀)
https://www.manyo.co.jp/mm21
퍼시피코 요코하마와 아주 가까워 학회나 이벤트 후 이용에도 편리하다. 남녀 각각에 3개의 사우나가 있고 탕 속에서 바라보는 전망도 멋지다. 캡슐형과 보통의 객실형의 숙박 시설도 함께 운영한다.

■ 우라야스시

━━━ 스파&호텔 마이하마 유라시아 (남녀)

http://www.my-spa.jp

호텔 안에 있는 스파 시설이다. 남탕·여탕과 함께 7종류의 욕탕과 3개의 사우나가 있다. 스파만 이용도 가능하다. 스파 안에 있는 휴게실에서 잠깐 눈을 붙여도 된다.

■ 오미야시

━━━ 오후로 카페 우타타네 (남녀)

https://ofurocafe-utatane.com

사우나&입욕 시설, 공용 사무 공간, 카페, 작은 호텔도 같이 하는 화려한 시설이다. 여성에게도 권할 만하다. 이곳은 사이타마를 중심으로 몇 개의 사우나를 갖고 있는 프랜차이즈인데 기본을 제대로 갖추고 있다는 평이다.

■ 삿포로시 · 신치토세 공항

━━━ 신치토세 공항 온센 (남녀)

http://www.new-chitose-airport-onsen.com

공항 내에 있는 사우나다. 비행기를 보면서 '되살아나는' 경험을 가질 수 있는 곳은 일본에서 오키나와와 이곳밖에 없다. 숙박할 수 있는 개인실도 있다.

━━━ 가든스캐빈 (남녀)

https://www.gardenscabin.com

비즈니스 호텔 안에 있는 사우나&스파 시설이다. 최고의 중심지에 위치한데다가 셀프 로일리가 가능한 본격 사우나인데도 가격이 합리적이다. 숙박은 일반형 방과 캡슐형 중에서 고를 수 있다.

▬▬ 니코리프레 (남성 전용)

http://www.nikoh.info

독특한 분위기에 성황리에 펼쳐지는 '열파(아우프구스) 타임'이 유명한 사우나이다. 열파 전에는 시설 측의 친절함(얼음)을 느낄 수 있다. 캡슐 호텔도 운영한다.

■ 센다이시

▬▬ 사우나&캡슐 큐어고쿠분쵸 (남성 전용)

https://www.cure-kokubuncho.jp/index.php

센다이의 유흥가인 고쿠분쵸에 가깝다. 사우나는 2종류가 있고 아우프구스 서비스도 받을 수 있다. 캡슐 호텔을 같이 운영한다.

▬▬ 한증막노유 (남녀)

https://hanjunmakunoyu.jp

한증막(한국식 사우나) 이외에도 2개의 사우나가 있고 외기욕을 위한 공간도 넓다. 시설 내의 레스토랑에서 한국 요리를 맛볼 수 있다.

■ 나고야시

▬▬ 사우나&캡슐 호텔 웰비 사카에점 (남성 전용)

https://www.wellbe.co.jp/sakae

3종류의 사우나, 2종류의 냉수욕탕, 콜드룸 등 다양한 즐길거리가 많다. 비흐터를 경험할 수 있는 특별한 사우나도 있다. 캡슐 호텔을 같이 운영한다.

▬▬ 사우나 랩 (남녀)

http://saunalab.jp

흡사 핀란드인 것만 같은 화사하고 개성적인 사우나이다. '랩'이란 이름대로 실험적인 새로움을 선보인다. 사무 공간과 키즈 공간도 있다.

캡슐&사우나 후지 사카에 (남성 전용)

https://fto.co.jp

흡사 수영장 같은 외형이면서 물이 회전하는 초음파 목욕 외에도 여러 개의 욕탕과 2종류의 사우나가 있다. 캡슐 호텔도 운영한다.

릴랙세이션 스파 아페제 (남녀)

http://apz-spa.com

남녀 모두 로일리가 있는 사우나와 남성용 미스트 사우나 여성용 소금 사우나가 있다. 캡슐 호텔을 운영한다. 전용층이 따로 있기 때문에 여성도 안심할 수 있다.

■ 오사카시

사우나&캡슐 아무자 (남성 전용)

https://www.daitoyo.co.jp/spa/amza

3종류의 사우나와 2종류의 냉수욕탕과 따끈한 풀장이 있다. 냉수욕탕을 싫어하는 사람을 위한 냉기 샤워실도 있고 아우프구스 이벤트도 있다. 캡슐 호텔도 운영한다.

사우나&슈퍼캡슐 호텔 다이토요 (남성 전용)

https://www.daitoyo.co.jp/spa/mens

오사카를 대표하는 유명한 사우나다. 3종류의 사우나와 4종류 온도가 있는 냉수욕탕이 있고 외기욕도 가능하다. 캡슐 호텔도 운영한다.

다이토요 레이디스 스파 (여성 전용)

https://www.daitoyo.co.jp/spa/ladies

다이토요의 지하층에 위치한 여성 전용 공간이다. 3종류의 사우나와 2종류의 냉수욕탕이 있고 잠시 쉴 수 있는 개인 부스도 있다.

스파 트리니테 (남녀)

https://www.hotelmonterey.co.jp/lasoeur_osaka/spa

호텔 몬테레이스루 오사카의 16층에 있는 고급 스파다. 숙박 없이 당일 입욕도 가능하다. 오사카 거리를 한눈에 조망할 수 있다.

■ 교토시

사우나 루마플라자 (남성 전용)

https://www.rumor-plaza.jp

기온의 한복판에 있는 교토를 대표하는 사우나다. 외기욕 공간에는 평평한 외기욕 의자가 있다. 옥상의 노천탕에서는 히가시야마를 볼 수 있다. 캡슐 호텔도 있다.

하쿠산유 (다카츠지점) (남녀)

http://www.eonet.ne.jp/~hakusanyu/Ttop.htm

시조와 고조 사이에 위치하며 유서 깊은 대중목욕탕에 딸린 사우나이다. 천연 지하수의 냉수욕탕은 수심이 깊어서 좋다.

■ 고베시

고베 사우나&스파 (남), 고베 레이디스 스파 (여)

http://www.kobe-sauna.co.jp

건식 사우나, 핀란드 사우나(셀프 로일리), 소금 사우나 등 다양하다. 외기욕 공간도 있어서 고베의 바람을 충분히 느낄 수 있다. 3층이 여성 전용 스파이고 남녀 모두 캡슐 호텔을 운영한다.

고베 쿠아 하우스 (남녀)

https://kobe-kua-house.com

고온과 중온 2종류의 사우나와 2개의 천연온천이 있다. 냉수욕탕은 전국 명수 100선에 뽑힌 고베 워터 100%다. 캡슐 호텔을 운영한다.

고베 하버랜드온천 만요클럽 (남녀)

https://www.manyo.co.jp/kobe

천연온천과 탄산온천, 2개의 사우나가 있다. 최상층에서는 온천에 족욕을 하면서 고베의 야경을 바라볼 수 있다. 일본의 다다미방 객실부터 안락의자가 딸린 개인 부스까지 다양한 종류의 숙박 시설을 운영한다.

■ 후쿠오카시

▬▬▬ 사우나&캡슐 호텔 웰비 후쿠오카점 (남성 전용)

http://www.wellbe.co.jp/fukuoka

나무의 보석이라 불리는 핀란드의 유럽 적송재로 만든 사우나다. 1인용 증기탕 '가라후로'도 있다. 2종류의 냉수욕탕 외에 영하 25도의 아이스 사우나도 있다. 캡슐 호텔을 운영한다.

▬▬▬ 호텔 캐빈어스 후쿠오카 (남성 전용)

http://cabinas.jp

하카다역에서 1분 거리에 있다. 고온 · 저온의 2종류 사우나와 여러 개의 탕이 있다. 하카다역을 내려다볼 수 있는 노천탕도 있다. 개인실부터 캡슐형까지 다양한 숙박 시설을 운영한다.

▬▬▬ 인스파 후쿠오카 (남녀)

http://www.inspa-fukuoka.com

입욕과 암반욕, 남성용에는 건식 사우나, 여성용에는 미스트 사우나가 있다. 같은 빌딩 내에 핫요가가 있는데 체험도 가능하다.

■ 사우나가 있는 비즈니스 호텔 체인

어차피 숙박을 해야 한다면 사우나 완비의 비즈니스 호텔이 일석이조다. 기본적으로는 숙박자만 사용할 수 있는 시설이 많은데 매장에 따라 당일 입욕이 가능한 곳도 있다.

▬▬▬ 돌미 인

https://www.hotespa.net/dormyinn

대중탕과 사우나가 완비된 호텔 체인이다. 전국에 80여 개 이상 있어서 주요 도시를 커버하고 있다. (일부는 사우나가 없으므로 미리 확인 필요)

===== 캔디오 호텔스

https://www.candeohotels.com

비즈니스 호텔과 시티 호텔 사이 빈틈을 노린, 화려하고 우아한 비즈니스 호텔이다. 거의 모든 호텔의 최상층에 대중탕과 사우나가 있다. (일부 없는 곳도 있으므로 미리 확인 필요)

★ 여행에서 가고 싶다! ★

그곳에서만 할 수 있는 체험과 숙박까지 고려한 환상의 사우나를 소개한다.

===== 후키아게 온천보양센터 하쿠긴소 (홋카이도 · 후라노)

http://kamifurano-hokkaido.com

사우나 후에 냉수욕탕 대신 눈 위로 다이빙할 수 있기 때문에 사우나 애호가들 사이에서는 '북쪽의 성지'라고 불린다. 노송나무로 만든 사우나실의 향기가 기분 좋다. 당일 입욕 가능하다.

===== 로그 호텔 메이플롯지 (홋카이도 · 이와미자와)

https://www.maplelodge.or.jp

노천탕도 있고 셀프 로일리가 가능한 사우나 오두막도 있다. 냉수욕탕은 25도 이하의 원천수가 흐른다. 당일 입욕 가능하다.

===== 숲속의 스파리조트 홋카이도 호텔 (홋카이도 · 오비히로시)

https://www.hokkaidohotel.co.jp

보통의 셀프 로일리 외에도 몰 온천수를 뿌려 피부에 좋은 증기를 내는 몰 로일리, 자작나무 벽에 로일리를 해서 향기 좋은 증기를 내는 월 로일리 등이 가능하다. 냉수욕탕은 사츠나이가와의 지하수다. 당일 입욕 가능하다.

===== 게스트하우스 램프 더 사우나 (나가노현 · 노지리코)

https://lamp-guesthouse.com/sauna

게스트하우스 램프 노지리코는 야외에 펼쳐지는 통나무집풍의 아웃도어 사우나다.

수영복을 입고 남녀가 이용할 수 있다. 냉수욕탕은 강에서 끌어올린 물이 담긴 오크통에서 한다. 또는 노지리 호수를 천연의 냉수욕탕으로 이용할 수도 있다. 외기욕도 최고다. 당일 입욕 가능하다.

▰▰▰ 오치아이로 (시즈오카현·이즈)

https://www.ochiairo.co.jp/ja-jp

객실은 16개실밖에 없으며 모든 것이 유형문화재로 지정되어 있는 곳이다. 다도실 분위기의 사우나실이 신기하고 유리창을 통해 눈앞에 펼쳐지는 숲과 강을 바라볼 수 있다. 숙박객만 이용할 수 있다.

▰▰▰ 미후네야마 라쿠엔 호텔 (사가현·다케오)

https://www.mifuneyama.co.jp

2019년 '사우나슐렝'에서 그랑프리의 영광을 수상한 일본 최고의 사우나다. 조명을 낮춘 명상 사우나가 유명하다. 현재 건식 사우나는 남성 전용이고 미스트 사우나는 여성 전용이다. 숙박객만 이용할 수 있다.

▰▰▰ JR 큐슈 호텔 시티스파 텐쿠 (오이타현·오이타)

http://www.cityspatenku.jp

오이타역에서 곧바로 연결되는 호텔 내에 있는 온천&사우나다. 노천탕과 외기욕 공간으로 오이타 시내를 한눈에 볼 수 있다. 남녀 함께 이용할 수 있는 힐링존도 있다. 당일 입욕 가능하다.

▰▰▰ 류큐온센 세나가지마 호텔 류진노유 (오키나와현·나하)

https://www.hotelwbf.com/senaga

나하공항에서 15분 거리에 있는 리조트 호텔 내에 있는 온천&사우나다. 오키나와에서 유일하게 아우프구스 서비스가 있는 사우나이고 당일 입욕 가능하다.

■ 번외편

호텔은 없지만 도쿄에서 출발해 짧게 다녀오기 적합한 사우나다.

에노스파 (가나가와현 · 에노시마)

http://www.enospa.jp

에노시마의 해안에 세워져 절경을 자랑하는 스파다. 남녀 함께 수영복 차림으로 들어갈 수 있는 사우나도 있다. 숙박 시설은 없지만 근처의 제휴 호텔에서 세트 요금으로 숙박이 가능하다.

하코네유료 (가나가와현 · 하코네)

https://www.hakoneyuryo.jp

대형 욕장 외에 대여하는 개인 노천탕도 있다. 사우나에서 아우프구스 서비스도 있다. 외기욕 공간이 정말 환상적이다. 숙박 시설은 없다. 근처에 있는 어린이 체육 시설에서 아이와 즐거운 시간을 보낼 수 있다.

사우나 시키지 (시즈오카현 · 시즈오카시)

http://saunashikiji.jp

전국의 사우나 애호가들이 방문하길 열망하는 인기 최고의 사우나다. 천연수를 사용한 냉수욕탕에서 느껴지는 피부 감촉은 이곳만의 특별함이다. 관광지도 아니고 호텔도 붙어 있지 않지만 충분히 다녀올 가치가 있는, 말하자면 운명 같은 사우나다.

* 게재한 정보는 2020년 2월 시점의 정보다.

참고문헌

※1　Alterations in Brain Structure and Amplitude of Low-frequency after 8 weeks of Mindfulness Meditation Training in Meditation-Naïve Subjects, Scientific Reoport, 2019

※2　Default-mode brain dysfunction in mental disorders: A systematic review, Neuroscience and Biobehavioral Reviews. 2009

※3　Alpha frequency, cognitive load and memory performance, BRAIN TOPOGRAPHY, 1993

※4　http://www.nmt.ne.jp/~shichijo/FM/FM1.html

※5　A hot topic for health: Results of the Global Sauna Survey, Complementary Therapies in Medicine, 2019

※6　Regular thermal therapy may promote insulin sensitivity while boosting expression of endothelial nitric oxide synthase – Effects comparable to those of exercise training, Medical Hypotheses, 2009

※7　A hot topic for health:Results of the Global Sauna Survey, Complementary Therapies in Medicine, 2019

※8　The Consideration Of Melatonin Concentration and Subjective Evaluation, Journal of Physiotherapy & Physical Rehabilitation, 2016

※9　Cardiovascular and other Health Benefits of Sauna Bathing: A Review of the Evidence, Mayo Clinic Proceedings, 2018

※10　Heat Transfer Analysis of the Human Eye During Exposure to Sauna Therapy, Numerical Heat Transfer, 2015

※11　Health effects and risks of sauna bathing, Int J Circumpol Heal, 2012

※12　Physiological functions of the effects of the different bathing method on recovery from local muscle fatigue, Journal of Physiological Anthropology, 2012

※13　Effects of Sauna and Glucose Intake on TSH and Thyroid Hormone Levels in Plasma of Euthyroid Subjects, METABOLISM, 1987

※14　The undoing effect of positive emotions,Motivation and Emotion,2000

※15　Comparison of physiological reactions and physiological strain in healthy men under heat stress in dry and steam heat saunas,Biology of Sports,2014

※16 The blood pressure and heart rate during sauna bath correspond to cardiacresponses during submaximal dynamic exercise, Complementary Therapies in Medicine, 2019

※17 The Undoing Effect of Positive Emotions, Motivation And Emotion, 2000

※18 TRPA1 is a component of the nociceptive response to CO_2. Journal of Neuroscience, 2010

※19 炭酸水による口腔内への刺激が深部・末梢体温に及ぼす作用 -Sham-feeding(偽飲) による口腔内刺激を用いた評価. 日本栄養・食糧学会誌, 2014

※20 Half-lives of Peptides and Amines in the Circulation, Nature, 1967

※21 Sex differences in endocrine response to hyperthermia in sauna, Acta Physiologica Scandinavica, 1994

※22 Recovery from sauna bathing favorably modulates cardiac autonomicnervous system, Complementary Therapies in Medicine, 2019)

※23 Meditation experience is associated with differences in default mode network activity and connectivity, PNAS, 2011

※24 全身浴 と部分浴における生理心理反応と加齢の 影響, 人間 - 生活環境系シンポジウム報告集, 2014

※25 壮年期健常女性における岩盤浴と温泉浴が脈波伝播速度に及ぼす影響, 日本衛生学会誌, 2014)

※26 https://www.youko-itoh-hsp.com/hsp とは /hsp入浴法 /

※27 The time-profile of the PBMC HSP70 response to in vitro heat shock appears temperature-dependent, Amino Acids, 2007

※28 Cardiovascular and Other Health Benefits of Sauna Bathing: A Review of the Evidence, Mayo Clinic Proceedings, 2018

※29 Sauna Bathing and Risk of Psychotic Disorders:A prospective Cohort Study,-Medeical Principles and practice,2018

※30 Sauna exposure leads to improved arterial compliance: Findings from a non-randomised experimental study, European Journal of Preventive Caerdiology, 2017

※31 Pulse Pressure in Relation to Tau-Mediated Neurodegeneration, Cerebral Amyloidosis, and Progression to Dementia in Very Old Adults, JAMA Nerurology, 2015

※32 Sleep drives metabolite clearance from the adult brain,Science,2013

※33 Coupled electrophysiological, hemodynamic,and cerebrospinal fluid oscillation in human sleep.Science,2019

※34 Repeated Thermal Therapy Diminishes Appetite Loss and Subjective Complaints in Mildly Depressed Patients, Psychosomatic Medicine, 2005

※35 Regular Sauna Bathing and the Incidence of Common Colds, Annals of Medicine, 1990

※36 Neuroendocrine response during stress with relation to gender differences, Acta Neurobiologiae Experimentalis, 1996

※37 Benefits and Risks of Sauna Bathing, The American Journal of Medicine, 2001

※38 Physiological significance of 3-h bright and dim light exposure prior to taking a bath for core and forehead skin temperatures and heart rate during 1-h bathing of 38.5°C, Journal of Thermal Biology, 1998

※39 The Consideration Of Melatonin Concentration and Subjective Evaluation in the Various Bathing Methods, Journal of Physiotherapy & Physical Rehabilitation, 2016

※40 Children in sauna: cardiovascular adjustment, Pediatrics, 1990

※41 Consumption of sugar sweetened beverages, artificially sweetened beverages, and fruit juice and incidence of type 2 diabetes: systematic review, meta-analysis, and estimation of population attributable fraction. BMJ, 2015

※42 香りが自律神経系に及ぼす影響. 日本看護研究学会雑誌, 2000

※43 Beneficial effects of fragrances in beverages on human health. Nutrition,2012

※44 The Effect of a single Sauna Exposure on Spermatoza, Archives of Andrology, 1984

※45 Effects of sauna on sperm movement characteristics of normal men measured by computer-assisted sperm analysis, international Journal of Andrology, 1998

※46 Lifestyle and semen quality: role of modifiable factors, Systems Biology in Reproductive Medicine, 2014